顏立新／編著

說服的力量

贏家系列：24

說服的力量

編著　顏立新
出版者　大拓文化事業有限公司
執行編輯　李子儀
美術編輯　姚恩涵

總經銷　永續圖書有限公司
劃撥帳號　18669219
地址　22103　新北市汐止區大同路三段一九十四號九樓之一
TEL　（〇二）八六四七—三六六三
FAX　（〇二）八六四七—三六六〇
E-mail　yungjiuh@ms45.hinet.net
網址　www.foreverbooks.com.tw

CVS代理　美璟文化有限公司
TEL　（〇二）二七二三—九九六八
FAX　（〇二）二七二三—九六六八

法律顧問　方圓法律事務所　涂成樞律師

出版日◇二〇一八年一月

國家圖書館出版品預行編目資料

說服的力量 / 顏立新編著.
-- 初版. -- 新北市 : 大拓文化, 民107.01
面 ; 公分. -- (贏家系列 ; 24)
ISBN 978-986-411-064-3(平裝)
1.說服　2.應用心理學
177　106021595

目錄

PART 1 怎樣說，才能讓談判對手心服口服

PART 2 怎樣說，才能讓他人說YES

CONTENTS

目錄

PART 3 怎樣說，才能消除別人對你的敵意

PART 4

怎樣說，別人才能為你做事

CONTENTS

目錄

CONTENTS

PART

1

怎樣說，才能讓談判對手心服D服

01 用輕鬆的話語影響對方的心理

對於任何談判者，理想的氣氛應是嚴肅、認真、緊張、活潑的。

——卡內基【美國】

作為一個談判人員，在談判開始階段，首先要做好的一項非常重要的工作就是營造洽談的氣氛，它對談判成敗有非常重要的關係。

談判氣氛是談判的相互態度，它能夠影響談判人員的心理、情緒和感覺，進而引起相應的反應。倘若你經歷過一次談判，你對那次談判的氣氛應該記憶猶新吧？那或許是冷淡的、對立的；或許是輕鬆的、曠日持久的；或許是積極的、友好的；也可能是嚴肅的、平靜的；甚至還有可能是大吵大鬧的……

你也應當清楚，那種積極友好的氣氛對一次談判將有多大幫助，它使談判者輕鬆上陣，信心百倍，高興而來，滿意而歸。卡內基認為，對於任何談判者，理想的氣氛應是嚴肅、認真、緊張、活潑的。這可以說是總結了歷來勝利而有意義的談判氣氛，所得出的一個偉大結論。

首先要給對方一個好的感覺。談判正式開始後，雙方見面的短暫接觸對談判氣氛的形成具有關鍵性作用。

一、恰到好處的寒暄

談談大家都有興趣的話題；點到為止地談點私人問題；與對方開個玩笑，如果你們認識的話。

二、人可以貌相

打開你的心靈之窗——眼睛；適當的手勢，話語可以化繁為簡；全身放鬆，動作自然得體。

三、避免談判開頭的慌張和混亂

寧可站著談判，因為那樣會更輕鬆、更自由、更靈活；談判前要充分準備，戰略上藐視敵人，戰術上重視敵人；凝神、坦然直視對方；輕快入題。

四、調整、確定合適的語速

談判中切忌滔滔不絕，那會給人慌慌張張的感覺；也不可慢條斯理，倒人胃口；更不要讓自己無話可說；你應該在說的過程中察言觀色，捕捉資訊。

談判氣氛形成後，並不是一成不變的。本來輕鬆和諧的氣氛，可以因為雙方在實質性問題上的爭執而突然變得緊張，甚至劍拔弩張，一步就跨入談判破裂的邊緣。這時雙方面臨最急迫的問題不是繼續爭個「魚死網破」，而是應儘快緩和這種緊張的氣氛。此時詼諧幽默無疑是最好的武器。

卡普爾任美國電報電話公司負責人時，在一次董事會上，眾位董事對他的領導方式提出質疑，會議充滿了緊張的氣氛。人們似乎都已無法控制自己的情緒了。

一位女董事首先發難：「公司去年的福利你支出了多少？」

「九百萬。」

「噢，你瘋了，真受不了！我要昏倒了！」

聽到如此尖刻的發難，卡普爾輕鬆地用了一句：「我看那樣也不錯啊！」會場意外地爆發了一陣難得的笑聲，連那位女董事也忍俊不禁，緊張的氣氛隨之緩和下來了。

談判氣氛多數情況下是人為營造的。不同的談判氣氛任何談判者都能遇到。能運用談判氣氛影響談判過程的談判者，自是精明之人，他們知道，談判氣氛對談判的成敗影響很大。

話術點睛

談判剛開始的時候，不要製造緊張地氣氛，大家可以利用一些輕鬆的話語來聯絡感情，避免一開始就陷入僵局。

02 給對手戴上「內行」的帽子

學一分退讓，討一分便宜。

——俗語

在談判的時候，擺出一種把對方當做內行的姿態，會使他產生良好的感覺。對方的感覺雖然好多了，可是現在又覺得有一種壓力：「這下子，可不能隨便講話了。」如果談判的內容屬於自己的專業範圍，你有必要向對方提出建議。而對方既然是有工作的人，想必也有自己的專業，水準高低則另當別論，至少他也有內行人的自尊心。這裡，將計就計也是談判的一種技巧。

比如，對手是電腦公司生產廠家的經理，你說道：「有關電腦方面的問題，經理是內行人，我在這裡只不過是班門弄斧……」把自己學到的一些有關電腦的知識和資訊講給他聽，當然其中也含有對手不知道的資訊。如果形成你方在教對手的局面，則有傷對方的自尊心，在這種毫無意義的地方破壞了對方的情緒是不應該的。

如果你想把對方再抬得高一點，你就應當對你的同伴說：「你是外行，根本不懂。對於經理來說，這些只不過是常識問題。」這麼一來，氣氛被烘托起來，就可以提出問題與對方談判了：「我在廣告方面也還算內行，但仍然希望您給予我們指教。」逼迫對方意識到自己是內行，就不能提出讓人恥笑的意見。

給對手戴上了一頂內行的帽子，談判也就不會在無意義的地方卡關了。因為內行人往往說話不多，只是在關鍵問題上把一把關。而外行人往往是東拉西扯，喋喋不休，只顧枝葉而忽視本質，一旦捲入這種討論之中，話題將越扯越遠。

在同一個問題上說來說去則是會談中最該避免的。談判不可倒退，而應以既定的方針為前提不斷前進。

話術點睛

即使對手是個外行，你方硬把他當成專家來對待，那種毫無意義的倒退也可以防患於未然。對方既然擺出了不懂裝懂的樣子，他就要自尊自重，對細節問題的提問和指責也變得十分謹慎，這樣你方就可以經常處於主動狀態，暢通無阻地將談判的內容展開。

03 收斂自己的鋒芒，向對方「示弱」

處逆境心，須用開拓法；處順境心，要用收斂法。

——弘一法師

大多數人認為，一個優秀的談判家應該是風度翩翩、伶牙俐齒、反應敏捷和精明幹練的強者。但其實，在實際的談判場合中，往往表面上弱勢的人，比如口才笨拙、個性樸鈍的人，反倒容易達到目標，在別人看來很明顯的缺陷反而轉變成了有利條件。

很多著名的談判專家都談到過，和那些猶豫不決、愚笨無知或固執一端的人打交道時所產生的挫折感。如果一個人聽不進另一個人的解說，就如同讓野獸去享受貴重祭品，讓飛鳥欣賞高雅的音樂。

的確，在一個根本聽不懂你在說什麼的人面前，再精闢的見解、再高深的理論、再高明的技巧，又能起什麼作用呢？沒有了對手，你還有什麼精神去衝鋒陷陣？所以，在合適的時候，你可以收斂自己的鋒芒，「示弱」於對方，以消除對方的排斥感和敵對心理；鬆懈他的警惕性，助長他的同情心，使談判朝著有利於你的方向發展。你不妨常常把「對不起」、「我不太理解」、「你能再說一遍嗎？」或者「我全都指望你幫我了」之類的話掛在嘴邊。直到對方興致全無，一籌莫展，完全喪失毅力和耐心。

一般說來，攻擊型的人都認定對方會激烈抵抗自己的攻擊，所以，一旦對方不加反駁，反而坦白承認自己的錯處時，這就會狠狠地挫敗攻擊者的氣勢，令他不知如何是好。這就好像一個人運足了全身的力氣揮拳向你擊來，你不但不還手，反而後退走開，對方那種尷尬的感覺，恐怕比挨一頓揍還要難以忍受。

話術點睛

如果業務洽談陷入僵局完全是由於對方提出的不合理要求造成的，特別是在一些原則問題上表現得蠻橫無理時，要做出明確而又堅決的反應。因為這時任何其他替代性方案都將意味著無原則的妥協，而一味地讓步往往不是解決問題的好辦法，只會增加對方更多的欲望和要求。因此，要據理力爭，讓對方自知觀點難立，能夠更為清醒地權衡得失，做出相應的讓步，進而打破僵局。

04 找對話題，降低對手警覺性

一個人跟著忙碌的世途追逐，常常在不警覺之間就被摧毀了。
——喬叟【英國】

知己知彼，百戰百勝。想要在談判中儘快降低對方的警覺性，談判之前就要做好充分的準備。你最好先瞭解和判斷對方的許可權及背景，然後把各種條件及自己準備切入的問題等重點簡短地寫在紙上，在談判時隨時參考，提醒自己。

談判開始的話題最好是輕鬆的、非業務性的，要善於運用環顧左右、迂迴入題的策略，給對方足夠的心理準備時間，為談判成功奠定一個良好的基礎。

環顧左右、迂迴入題的做法很多，下面介紹幾種常用且有效的入題方法：

一、從題外話入題

談判開始之前，你可以談談關於氣候的話題。「今天的天氣不錯。」「今年的氣候很怪，都三、四月了，天氣還這麼冷。」也可以談旅遊、娛樂活動、衣食住行等，總之，題外話內容豐富，可以信手拈來，不費力氣。你可以根據談判時間和地點，以及雙方談判人員的具體情況，脫口而出，親切自然，刻意修飾反而會給人一種不自然的感覺。

二、從「自謙」入題

如對方為客，來到己方所在地談判，應該向客人謙虛地表示各方面照顧不周，沒有盡好地主之誼，請諒解等；也可以向主人介紹一下自己的經歷，說明自己缺乏談判經驗，希望各位多多指教，並透過這次交流建立友誼等。簡單的幾句話可以讓對方有親切的感覺，心理戒備也會很快消除。

三、從介紹己方人員情況入題

在談判前，簡要介紹一下己方人員的經歷、學歷、年齡和成果等，讓對方有個大概的瞭解，既可以緩解緊張氣氛，又能不露鋒芒地顯示己方的實力，使對方不敢輕舉妄動，暗中給對方施加心理壓力。

四、從介紹己方的基本情況入題

談判開始前，先簡略介紹一下己方的生產、經營、財務等基本情況，提供給對方一些必要的資料，以顯示己方雄厚的實力和良好的信譽，堅定對方與你合作的信念。

五、投石問路巧試探

投石問路是談判中一種常用的策略。作為買家，由此可以得到賣家很少主動提供的資料，分析商品的成本、價格等情況，以便做出自己的抉擇。

投石問路是談判過程中巧妙地試探對方，它在談判中常常借助提問的方式，來摸索、瞭解對方的意圖以及某些實際情況。

如當你希望對方得出結論時，可以這樣提問：

「您想訂多少貨？」

「您對這種樣式感到滿意嗎？」

……

總之，每一個提問都是一顆探路的石子。你可以透過瞭解產品品質、購買數量、付款方式、交貨時間等來瞭解對方的虛實。

面對這種連珠炮式的提問，許多賣主不但難以主動出擊，而且寧願適當降低價格，也不願疲於回答詢問。因此，在談判過程中，恰到好處地使用「投石問路」的方法，你就會為自己一方爭取到更大的利益。

話術點睛

談判的過程中可能會劍拔弩張，這樣對雙方都是不利的。這時候，適當運用一些緩和的話題，可以改變這種緊張地氣氛，便於談判更好地進行下去。

05 扼制他，用你的嘴說出他的反對意見

對一個心持反對意見者，講話卻有必要謙和而委婉。

——培根【英國】

把方案帶到客戶那裡去的時候，應當事先就料到對方會提出哪幾種反對意見。如果坐在談判席上，在意想不到的情況下，突遭對方的反駁後再支支吾吾地招架，則有失體面。

事先估計到人家會反駁，但只準備一些應答的對策還不夠，仍然容易被對方打敗。在爭論中佔據上風並不是談判的根本目的，充其量不過是談判形勢的走向問題。

那麼，應當如何對待意料之中的反對意見呢？

當估計對方會予以反駁時，有這樣一種對付的辦法：在他們還沒有說出之前，你讓同伴將預料中的反面意見說出來，然後將其否定。

首先與同伴進行磋商，列舉幾條意想中的反對意見，事先佈置好：「預估對方會以此為理由攻擊我們，你先主動地把這個問題提出來！」在談判中，當同伴講出了這個意見以後，你馬上指出：「不對，這種觀點是錯誤的。」如此這般，將這些反對意見一個一個地化為烏有。同時，你方的幾個人之間還可以故意發生爭執。這樣做不會在對方面前露出什麼破綻，反而會在保全對方面子的情況下，使其接受你方的方案。

反對意見多種多樣，有的可以從理論方面回答，有的無法用語言去解釋，只能憑自己的感覺去理解。對方提出的意見，可以用道理來說明的部分很好處理，至於那些難以解釋的問題，最好還是用內部爭吵的方法來解決。比如數落自己的同伴：「你總是提出這類問題，什麼時候才能有點出息呢？」只有這種語言才能處理好這種反對意見。

坐在談判席上，總是有意識地將與會者分為說服的一方和被說服的一方，這種想法是不對的。對方有三個人，你方也有三個人，我們應當把這看做是與會的六個人正在共同探討著同一個問題，而不是三比三的對話。

所以，你方的與會人員有時最好也處在相互敵對的關係上。因為如果總是保持一致對外的姿態，對方就會產生一種隨時有可能遭到你方攻擊的顧慮。把既成的事實強加於人，這是被說服一方最厭惡的一種做法。

當你方內部互相爭論的時候，很容易形成一種在場的所有人都在議論的氣氛，結論也彷彿是在對方的參與下得出來的。於是在大家的思想中能夠形成一種全體參與、共同協商的意識。但是，若只有你一個人在場的時候又該怎麼辦呢？

無論事先做過多麼周密的準備，一旦到了談判桌上，仍然會察覺到要有某種反對意見出現。這時，你可以把它處理為在來之前曾經聽到公司裡有人提出過這種意見。這樣，當你發覺這種反對意見即將提出的時候，就搶先說道：「在公司裡談論這個方案的時候，有個傢伙竟然這樣說……」這麼一來，不管持這種意見的人有沒有，都會產生敲山鎮虎的效果。

說完以後，你還要徵求對方有什麼感想。聽你這麼一說，只要不是相當自信的人就很難說出「我也是這麼想的」這句話。即使摩拳擦掌準備提出這種反面意見的人，也不願落得與「這個傢伙」相同的下場，所以只得應付說：「是嘛，這麼說可就太奇怪了。」

用這個辦法，將對方的反面意見壓制住，哪怕只有一次，在以後的談判過程中對方就不會輕易反駁了。你方大致預料到反面意見的內容時，搶先說：「談到這裡，一定會有糊塗蟲提出這麼一種反對意見……」於是對方唯恐提出不恰當的反對意見，以後被人恥笑為「糊塗蟲」。

還有一個辦法：搶先說出對方從他們自己的立場出發所產生的不安和所要承擔的風險。如說：「我如果是經理的話，這種事情太可怕了，恐怕不敢瞎說。」或者說：「也有出現這種情況的可能，所以我如果站在經理的立場上，也許會想辦法迴避。」把自己所預料出現風險的可能性間接地表達出來。在達成協議還是談判破裂的岔口上，語氣再稍微強硬一些也未嘗不可：「如果站在經理的立場上，我會認為，造成談判破裂要比被迫接受對方的條件可怕得多。」

無論怎麼說，反正不能讓對方把反對意見先說出口，這與你方的意見讓對方說出令對方感到滿足是一樣的道理。對方的反對意見從你方嘴裡說出來，這樣做給人留下了對方反駁的觀點你方已經研究透了的印象，就可以不費吹灰之力地將其扼制住。

話術點睛

提前說出對方可能有的反對意見，不僅能讓對方認為你對他的思路已瞭若指掌，同時又可避免現在聽到對方提反駁意見時發生的騷動。

06 多用「所以」，讓對方與你統一戰線

一致是強有力的，而紛爭易於被征服。

——伊索寓言

為了使講話的內容充分展開，首先要給對方留下這樣的印象，即談判的對手和自己談論的是同一個內容。雙方在發言中多少有點矛盾時，也應這樣對人家說：「我和部長之間只是表達方式和所處的地位不同：但其實說的都是同樣一回事。」把話引導到雙方共同的目標上來，共同努力尋找到達這一目的的最短路線。

相反，彼此耿耿於懷，各朝各的方向發表議論，雙方在心情上都會有一種蒙受了損

失的感覺，於是相互抱怨自己損失的那一部分讓對方賺去了。我們並不希望這樣，因此必須給對方留下雙方是為了共同的利益而坐在一起的印象，本著「我賺，你也賺」的精神進行商談。

故此，對話中應該儘量避免使用轉折連詞。使用過多，無論怎麼解釋也會形成一種相互對立的氛圍。即使對方反駁自己，也不能用「但是」來接受。不管人家說些什麼，一定要用「所以」、「正因為如此」等順接連詞來應對。

人際關係的發展不見得那麼規範，那麼完善。有些表達寫進文章裡顯得文理不通，但在口頭對話中往往聽起來卻沒有什麼異樣的感覺。比如有兩個女高中生在談話，你站在客觀的立場上聽起來有些牛頭不對馬嘴，可是她們在那麼一種特定的氣氛裡就能一直聊下去。兩者之間的談話不必百分之百吻合，其中有三十%對不上，關係也能夠融洽。

所以，在理論上應當使用轉折連詞的地方，即使你用了順接連詞，談話仍然可以繼續，內容也沒有意外地發生變化。比如對方在指出缺點時問道：「這種場合，你們應當如何處理？」這時可以回答：「沒什麼，正在考慮對策。」也可以回答：「所以，正在考慮對策。」兩者的意思都講得通，但以後者為好，因為它給人留下的印象，是我們雙方都在朝著同一個目標努力。

經過各種考驗並能夠從跌倒的地方很快地站起來的人，往往善於使用順接連詞。不想心甘情願地接受對方的意見時，也用「所以」開頭把自己的意見堅持講下去的人，應該說是強者。

如果講話過程中，無論受到怎樣的攻擊也不改變自己的論點，用轉折連詞來迎接對方的挑戰，那麼，談判會在不知不覺之中誤入了歧途。

話術點睛

事實上，談判的最高境界就是讓談判雙方走向雙贏，談判就像分「蛋糕」，自己分得一定利益，同時要讓對方知道他也能分得「一塊」，這樣「蛋糕」才能越做越大，在談判方向上你才能一直佔據主導地位。

07 佈下「最後通牒」，逼服對方

與其用力服人，不如用德感人；與其用力做事，不如用德做事。
——星雲大師

「最後通牒」策略的主要內容是，在談判桌上給對方一個突襲，改變態度，使對手在毫無準備且無法預料的形勢下不知所措。對方本來認為時間還寬裕，但突然聽到一個要終止談判的最後期限，而這個談判成功與否又與自己關係重大，不可能不會感到手足無措。由於他們很可能在資料、條件、精力、思想、時間上都沒有充分準備，在經濟利益和時間限制的雙重驅動下，會不得不屈服，在協議上簽字。

美國汽車王亞科卡在接管瀕臨倒閉的克萊斯勒公司後，覺得第一步必須先壓低工人工資。他首先降低了高層人員的工資十%，自己也從年薪三十六萬美元減為十萬美元。隨後他對工會領導人說：「十七元一小時的工作多的是，二十元一小時的工作就一件也沒有。」這種強制威嚇且毫無策略的話語當然不會奏效，工會當即拒絕了他的要求。雙方僵持了一年，始終沒有進展。

後來亞科卡心生一計，一日他突然對工會代表們說：「你們這種間斷性罷工，使公司無法正常運轉。我已跟勞工輸出中心通過電話，如果明天上午八點你們還沒開工的話，將會有一批人頂替你們的工作。」

工會談判代表一下傻眼了，他們本想透過再次談判在工資問題上取得新的進展，因此他們也只在這方面做了資料和思想上的準備。沒料到，亞科卡竟會來這麼一招！被解聘，意味著他們將失業，這可不是鬧著玩的。工會經過短暫的討論之後，基本上完全接受了亞科卡的要求。

亞科卡經過一年曠日持久的拖延戰都未打贏工會，而出其不意的一招竟然奏效了，而且解決得乾淨俐落。

所謂「最後通牒」，常常是在談判雙方爭執不下、陷入僵持階段，對方不願做出讓步以接受交易條件時所採用的一種策略。實踐證明，如果一方根據談判內容限定了時間，發出了最後通牒，另一方就必須考慮是否準備放棄機會，犧牲前面已投入的巨大談判成本。

在某些關鍵時刻，最後通牒法還是大有裨益的。不過，該方法並非屢試不爽，一旦被對方識破機關，最後通牒的威力可能會反作用到自己身上來。所以，發「通牒」一定要注意一些語言上的技巧，要把話說到點子上。

一、出其不意，提出最後期限，要求談判者時必須語氣堅定，不容通融

運用此道，在談判中首先要語氣舒緩，不露聲色，在提出最後通牒時要語氣堅定，不可使用模稜兩可的話語，使對方存有希望，以致不願簽約。因為談判者一旦對未來存有希望，想像將來可能會給自己帶來更大的利益時，就不肯最後簽約。故而，堅定有力、不容通融的語氣會替他們下定最後的決心。

二、提出時間限制時，時間一定要明確、具體

在關鍵時刻，不可說：「明天上午」或「後天下午」之類的話，而應是「明天上午八點鐘」或「後天晚上九點鐘」等更具體的時間。這樣的話會給對方有一種時間逼近的感覺，使之沒有心存僥倖的餘地。

三、發出最後通牒言辭要委婉

必須盡可能委婉地發出最後通牒。最後通牒本身就具有很強的攻擊性，如果談判者再言辭激烈，極度傷害了對方的感情，對方很可能因為一時衝動鋌而走險，一下子退出談判，這對雙方均不利。

話術點睛

向對方發出「最後通牒」一定要注意技巧，而且在提出期限和要求的時，一定要注意語氣。最好語氣堅定且時間緊迫，讓對方幾乎沒有喘息的機會。

08 巧用「我不知道」、「我不懂」收取談判成效

知識自誇懂得非常多，智慧自謙什麼都不懂。

——柯珀【英國】

談判是一項雙向的交涉活動，雙方都在認真地捕捉對方的反應，以隨時調整自己的預定方案。有時候，諸如「我不知道」這樣的回答，在談判中可能產生極大的效力。其實，「我不知道」是一種不傳達的資訊傳達，因為既然來參加談判，就不可能對談判目標不知道。

日本商人偶爾也會運用這種手段，只是他們把「我不知道」改成了「我不懂」，同

樣能收到很好的效果。

三位日本商人代表日本航空公司與美國一家公司談判，談判從早上八點開始，進行了兩個半小時。美國代表以壓倒性的準備資料淹沒了日方代表，他們用圖表解說、電腦計算、螢幕顯示、各式的資料來回答日方提出的報價。而在整個過程中，日方代表只是靜靜地坐在一旁，一句話也沒說。

終於，美方的負責人關掉了機器，重新打開了燈光，充滿信心地問日方代表：「意下如何？」一位日方代表斯文有禮，面帶微笑地說：「我們看不懂。」

美方代表的臉色忽地變得慘白：「你說看不懂是什麼意思？什麼地方不懂？」

另一位日方代表也斯文有禮，微笑著說：「都不懂。」

美方代表帶著心臟病隨時將發作的樣子問道：「從哪裡開始不懂？」

第三位日方代表以同樣的方式慢慢答道：「當你把會議室的燈關了之後。」

美方代表鬆開了領帶，喘著氣問：「你們希望怎麼做？」

日方代表同聲回答：「請你再重複一遍。」

美方代表徹底喪失了信心，試想，誰會將秩序混亂而又長達兩個半小時的介紹重新再來一遍？美國公司後來不惜代價，只求達成協議。

日本商人或許確實不懂，但這種可能性實在太小，素以精明著稱的日本商人絕不會如此不瞭解談判內容的，「我們不懂」的真正意思大概就是：我們根本不同意你們的演算法。這種說法，難道不比直截了當的拒絕更具威力嗎？

在談判中，你不妨學學日本商人，巧用「我不知道」的策略，或許會收到事半功倍的效果。

話術點睛

如果善於用對方思考問題的方式進行分析，會獲得更多打破僵局的思路。當談判陷入僵局時，如果我們能夠做到從對方的角度思考問題，或設計使得對方站到己方的立場上來思考問題，就能夠多一些彼此之間的理解，消除誤解與分歧，找到更多的共同點，積極地推動談判的進程。

09 先拖時間，再用簡短「總結」扭轉局面

時間是人類發展的空間。

——馬克思【德國】

美國的談判專家柯英，在擔任美國某企業的顧問期間，曾被派往日本和某企業進行談判。

他剛到日本羽田機場，發現代表日本企業與柯英談判的兩名職員已恭候在出口處了。他們接過柯英的行李，引導柯英搭上已等候多時的豪華轎車，送到訂好的酒店。日本方面的招待令柯英很高興，在車上閒聊時，一位日本招待問柯英：「您要回去時，我

們也會替您準備好到機場的車子，但不知您預訂的是哪天的班機？」柯英受到如此禮遇，非常感動，就把回程機票拿出來給日本人看。

此後的幾天裡，日本方面絕口不提重要的談判內容，只是招待柯英參觀名勝古蹟。到了第十二天，即柯英要返程的前兩天，才開始談判，但因為當天柯英想去打高爾夫球，又取消了談判。第二天，日本企業方面又要替柯英舉行歡送會，再次取消談判。直到最後一天，談判正式開始，而剛談到重要問題時，送柯英去機場的車子到了。於是，雙方在去機場的車內完成了談判。

毫無疑問，日本方面贏了，柯英所取得的談判結果是不利於美國方面的。事實上，柯英把回程機票展示給日本人看時，談判的勝負已定。因為日本方面把自己要與人談判的最後時限當做機密，而想辦法探知對方預訂的最後時限。精明的日本人利用最後時限，事前探得對方的行程表，掌握了最佳的談判時機。

而我們知道，在交涉或會談的時候，越是重要的案子，越是放在即將結束的時間裡，時間越倉促，可考慮的時間越少，對方越被動，也就越容易妥協，最終的結果也就有利於我方。這種談判技巧所適用的情況是：知道自己用於談判的時間，也探知對方的談判時間，想辦法縮短對方的有效談判時間，造成對方的被動，可總結為「知己知彼法」。

利用緊迫的心理影響，在時間即將結束前扭轉局面，除了「知己知彼法」，還有一種「渾水摸魚法」。所謂「渾水摸魚法」就是在眾多人討論很多問題，疲憊不堪且無頭緒時，自己主動對其進行歸納，引導大家在放鬆警惕時接受自己的意見，進而達到自己的目的。

例如，在生活中，我們可能會遇到這樣一種情況：會議漫長、拖拉，討論幾個小時都沒有什麼實質性的結論。與會者都變得不耐煩，開始抱怨，發牢騷。此時，有一個與會者突然站起來說：「各位的意見非常多，但可以總結為以下幾點……」其他所有的與會者都很感激他，因為他把冗長的會議簡明扼要地總結了出來，否則，這個煩人的會議還不知道要開到什麼時候呢！

然而，當大家回到家裡，再重新考慮剛才那個人所說的話，並回憶開會時所討論的內容，卻發現那個人所「總結」出來的幾個要點並不合適，其他的重要問題都被漏掉了。再過幾天，人們聊起這件事時都有同感。可見，當時那位發言者的話裡藏有玄機。因為，他在與會者經過長久討論，疲憊不堪、放鬆警惕時，透過「總結」，讓大家幫他實現了自己的目的，真可說是利用了「最好的時機」。

無論是「知己知彼法」，還是「渾水摸魚法」，都是利用了最佳時機。你應該明白的是，在時間即將結束時扭轉局面，並不是在時間即將結束前倉促行事，而是要利用時間即將結束這個事實讓對方造成心理壓力，讓對方「中圈套」。對自己來說，時間即將結束前，正是最好時機，最恰當的「火候」，而觀察事情的發展就像觀「火候」。總之，自己對時機的把握是主動的、胸有成竹的，這樣，才可能取得理想的效果。

對於一個談判者來說，掌握時機與條件是談判過程中重要的技術環節。時間結束前，就是一個扭轉局面的最佳時機，這個時機需要把握，也可創造。善於利用這樣的策略，會對自己有著很大的幫助。

話術點睛

對於談判來說，找準恰當的時機再提出對於自己有利的意見是十分重要的，這不僅可以讓對方感到措手不及，進而大大提升了協定達成的機率，更省去了很多與對方唇槍舌劍、討價還價的時間。

10 單刀直入，開門見山直逼其要害

若是作家戰將，便須單刀直入，更莫如何若何。

——釋道原【宋】

在辯論、談判等需決勝負的交際場合中，單刀直入、開門見山是制勝比較常用的方法。這主要是在面對特殊的話題或特殊的對手，使自己難以組織說理性的攻擊時，而採用的一種較為簡便但又能懾服對手的一種戰術。

所謂開門見山，其意就在於要求雄辯者不拐彎抹角，一開口就切入正題，造成先聲奪人的氣勢，給對方一個冷不防。開門見山式的辯詞通常是雄辯者在事先準備好的。也就是說，在舌戰之前，對欲戰的題目乃至對對手的實力進行理性的分析後，制定一、兩句能讓對方閃躲不及又必須正視的辯詞來應對，以此攪亂對方的正常心態，使之在昏亂中做出對其不利的反應。

在充分研究資料、掌握對方情況的前提下，抓住要害、單刀直入、開門見山，一開始就接觸問題的實質，趁敵方未加防範時，使對手失去平衡，以奪取論戰中的精神優勢，獲得先機之利。

戰國時，齊國的孟嘗君主張合縱抗秦，他們的門客公孫弘對孟嘗君說：「您不妨派人到西方觀察一下秦王。如果秦王是個具有帝王之資的君主，您恐怕連做屬臣都不可能，哪裡顧得上跟秦國作對呢？如果秦王是個不肖的君主，那時您再合縱跟秦作對也不算晚。」孟嘗君說：「好，那就請您去一趟。」公孫弘便帶著十輛車前往秦國去看動靜。

秦昭王聽說此事，想用言辭羞辱公孫弘。公孫弘拜見昭王，昭王問：「薛這個地方有多大？」公孫弘回答說：「方圓百里。」

昭王笑道：「我的國家土地縱橫數千里，還不敢與人為敵。如今孟嘗君就這麼點地盤，居然想跟我對抗，做的到嗎？」

公孫弘說：「孟嘗君喜歡賢人，而您卻不喜歡賢人。」

昭王問：「孟嘗君喜歡賢人，怎麼說？」

公孫弘說：「能堅持正義，在天子面前不屈服，不討好諸侯，得志時不愧於為人主，不得志時不甘為人臣，像這樣的士，孟嘗君那裡有三位。善於治國，可以做管仲、商鞅的老師，其主張如果被聽從施行，就能使君主成就王霸之業，像這樣的士，孟嘗君那裡有五位。充任使者，遭到對方擁有萬輛兵車君主的侮辱，像我這樣敢於用自己的鮮血濺灑對方衣服的，孟嘗君那裡有十個。」

秦國國君昭王笑著道歉說：「您何必如此呢？我對孟嘗君是很友好的，並準備以貴客之禮接待他，希望您一定要向他說明我的心意。」公孫弘答應著回國了。

抓住要點，單刀直入很多時候都會對談判結果起到至關重要的影響。在現實生活中，開門見山的表達方法，可以說明自己的信心、信念和不可動搖的意願，並以一定的口吻促使對方改變原來的主意，不再猶豫，不再因考慮細小枝節而對關鍵性的問題與你抗衡；可以在對手未加防範時，使其失去平衡，贏得論戰中的精神優勢；可以給人一種簡潔、幹練的感覺。

此外，這種戰術在辯場上常以發問形式出現。如果對方避而不答，可追問他們不答覆的理由。若答覆不能自圓其說，或其所說不利於發問者，因發問者早有準備，成竹在胸，可立即進行辯駁。

在一般情況下，開門見山的發問，對被問者來說都是不好對付的。正由於此，被問者在慌亂中往往會出現詞不達意或越答越錯的現象，這樣，發問者便可輕而易舉地將對手擊敗了。

話術點睛

有的時候，一言就能定輸贏，緊緊抓住要點，一針見血，給人一種簡潔、幹練的感覺，冗長的客套話往往會引起對方反感。

11 妙用「高價」，讓對方樂呵呵當「冤大頭」

開門做生意，就高不就低。

——俗語

有句俗語叫做，「開門做生意，就高不就低」，創業之始，千萬不要給自己定位太低，尤其是給商品定價時，別以為便宜就能大賣，便宜就能吸引顧客，現實往往是越貴的反而越能吸引顧客。

生活中，我們就經常遇到這樣的情形：款式、皮質差不多的一雙皮鞋，在普通的鞋店賣一、兩千元，而在大商場的櫃檯，卻只賣幾百元，但總有人願意去鞋店買。數萬元的眼鏡鏡架、百萬的紀念錶、千萬的跑車，這些近乎「天價」的商品，往往也能在市場上走俏。

人們常有一種固執的觀念，認為越貴的東西越好，而不管它的品質和價格是否真的成比例。在美國亞利桑那州曾發生過一件有趣的事情：一家印第安珠寶店裡，老闆正為採購到一批脫不了手的漂亮綠寶石綠松石珠寶發愁，雖然是旅遊的旺季，但他的綠松石珠寶即使物美價廉卻總也賣不掉。

最後，老闆因為急著去外地談生意，臨走的前一天晚上，氣急敗壞的給售貨員留了一張紙條：「綠松寶石以原來價錢的兩倍價格賣掉。」老闆打算虧本清倉。

幾天後，老闆從外地回來了，發現那批綠寶石已被搶購一空，再查價格，不禁喜出望外。因為那批寶石不是以一半的賤價銷售出去的，而是賣出了二倍的價錢。

原來，店員們把老闆留下的指令誤認為是按一至二倍的價格賣掉。他們都沒有想到，價格提高後，購買者反而越來越多，本以為會積壓的綠寶石瞬間成了搶手貨。

其實這種現象在心理學上叫做「凡勃倫效應」，很多消費者在購買商品時就高不就低，他們常常有一種透過購買高價商品來獲得身分認同，和顯示自己的社會地位顯示的心理。他們購買商品的目的，已並不僅僅是為了獲得直接的物質滿足和享受，更大程度上是為了獲得一種心理上的滿足。

隨著社會經濟的發展，人們的消費會隨著收入的增加，而逐步由追求數量和品質過渡到追求品味格調。瞭解了「凡勃倫效應」，我們可以利用它來探索新的經營策略。比如憑借媒體的宣傳，使商品附帶上一種高層次的形象，給人以「名貴」和「超凡脫俗」的印象，進而加強消費者對商品的好感。

這種價值的轉換在消費者從數量、品質購買階段過渡到感性購買階段時，是完全可能的。尤其是在經濟比較發達的地區，感性消費已經逐漸成為一種時尚，而只要消費者有能力進行這種感性購買時，「凡勃倫效應」就可以被有效地轉化為提高市場份額行銷策略。

話術點睛

在談判的過程中，我們也可以運用「凡勃倫效應」，積極調整自己的談判策略，以便取得更大的收益。

也許你覺得有悖於我們的常識，但事實是不容置疑的。越是貴的東西，越受人青睞。你出低價對方反而不信任你的品質，你出高價對方卻從不質疑物有所值。

既然，人都有這樣的心理，我們在談判的過程中就要學會妙用「高價」，推銷自己的商品，以促使成交。不過喊高價的過程中，也要見機行事，不能過於誇大，否則對方會感覺你不實在，因此放棄與你的交易。

12 用具體的數字壓倒對方

數字證明一切。

——卡萊爾【英國】

英語中單詞中有這樣一個詞「round number」，意思是「約整數」。比如，別人問你「這間別墅多少錢」，你回答說「一千萬元」，這就是約整數。如果具體回答說「九百九十五萬五千元」，這則是準確的數字。

心理學家認為，談話中盡可能使用準確的數位，可以增強人說話的氣勢。比如，如果談判對方對某件商品說出了「十萬」這樣一個概數，而你回答出了「十萬一千三百五十元」這樣準確的數字，你就掌握了談判的節奏。為什麼這麼說呢？因為你使用了準確的數字，你的談判氣勢就增強了。

如果對方問你「你是怎麼得到這麼精確的數字的」，這時你再清清楚楚地把詳細情況告訴對方。這樣，談判就會朝著對你有利的方向發展。

所以，在談判中儘量使用準確的數字更容易取勝。

下面我們再來舉兩個例子，供大家參考：

例一：

①××咖啡幾乎不含咖啡因。

②××咖啡已經去除了九九・八％的咖啡因。

例二：

①××卸妝油含微量酒精。

②××卸妝油的酒精含量為〇・〇三％

以上兩個例子中，能給對方強烈衝擊力的都是第二種表達方式。第二種表達方式能傳達給對方值得信任的數字。

當你在談判的過程中時，可以利用這個戰術。運用準確的數位能給你的語言增加氣勢。你應該把「幾乎」、「大約」、「半數」等換成「九十九％」、「十％」、「五十％」這樣準確的說法，能讓你的談判能力得到意想不到的提高。

話術點睛

不論是國際業務洽談，還是國內業務磋商，雙方之間有摩擦是很正常的事情。這時，誰能夠創造性地提出可供選擇的方案，誰就能掌握談判中的主動。當然這種替代方案一定既能有效地維護自身的利益，又能兼顧對方的利益要求。

對於談判，雙方都做出努力，已經進行的談判也耗費了很多人的精力和心血，任何一方都不願輕易放棄，因此，暗示對方談判已經進行了大部分，借助已經協商好的事項作為跳板，同樣可以打破僵局。

PART 2

怎樣說，才能讓他人說YES

01 將心比心，啟發對方點頭

將心比心，便是佛心。

——俗語

從心理學角度，說服的最佳效果是雙方達成共同認識，而啟發對方進行心理位置互換，讓對方設身處地體驗別人的心理。主動調整自己的態度和行為方式，則是達到這一目的的行之有效的方法之一，這種方法就是將心比心術。下面舉兩個例子來闡述這個觀點。

小玉已婚，還生了個女兒。後來重逢昔日的戀人，小玉欲重修舊好，卻又舉棋不定，於是向奶奶尋求幫助。

「妳的事，奶奶全知道，如今妳打算怎麼辦！」

「不知道，我……我說不出口……」

奶奶說：「奶奶知道妳委屈。人，誰沒有委屈呀。我二十四歲那年，你爺爺就犧牲了，本家本村的人都勸我再找個依靠。你曾爺爺跟我說：『女兒啊，日子還長著呢，往前走一步吧。』但我不願給孩子找個繼父，硬是咬著牙撐過來了。兒子一個個長大了，參了軍，又一個個地犧牲了。可是我沒在人前掉過一滴眼淚。人活著，就是為了別人，去受苦，去受難，天底下哪有那麼多幸福？要說委屈，就先委屈一下自己吧！」

「可是我以後的路該怎麼走啊？」

「做人哪，前半夜想想自己，後半夜想想別人。你和那個昔日戀人倒是挺般配的，可是就算你倆成了，日子過得好，你就保證不會想到前夫與孩子嗎？那時，你雖吃著蜜糖，但卻忘不了人家在喝苦水。你甜在嘴上，苦在心裡。甜的苦的一摻和，一輩子都是塊心病。我今年八十歲了，什麼苦都嘗遍了，可就是沒留下一件虧心事。俗話說，『人』字好寫，一撇一捺，真正做起來就難了！」奶奶說的話句句動人心。

「奶奶，我懂了。」小玉擦了擦眼淚，說，「我今天就回家帶孩子，安心過日子。」

奶奶的勸說語重心長，而且，她用通俗的語言，站在對方的立場上，設身處地為孫女分析情況，從而使孫女做出了正確的選擇。

用語言做假設，可達到將心比心的目的；也可用實際的行為，現身說法，讓對方體驗別人的心理，進而對自己的言行進行調整，同樣可達到將心比心的目的。

某商店有位營業員很會做生意，他的營業額比一般營業員都高，有人問他：「是不是因為能說善道，所以生意興隆？」他回答說：「不是，我的祕密武器是當顧客是自己人。」他總是站在買者的立場上替顧客精打細算，站在顧客的角度說話，使對方的戒備心理、防範心理大大降低，而且產生了一致的認同感，故而說服了對手，做成了生意。

將心比心術是站在對方的角度謀劃和考慮，理解對方的心理、對方的需求、對方的困難，因此這種說服方法容易使對方接受，並能達成統一認識。

永遠站在別人的立場去想，並從對方的觀點去看事物的趨向，如果你從書本學到的是這樣的一件事，那就不難成為你一生事業的一個關鍵。

要說服對方贊同你的觀點，你必須與說服的對象站在一起，兩者的關係越融洽，說服越容易取得成功，這是因為人類有一個共同的天性，即喜歡聽「自己人」說的話。美國紐約市立大學的心理學家哈斯也說過：「一個釀酒專家也許能給你許多意見，為什麼某一種牌子的啤酒比另一種牌子的好，這些你也許還不會接受。但如果是你的朋友，不管他對啤酒是否在行，教你選購某種啤酒，你很可能就會聽他的。」

此外，在具體行動上，甚至是些很微不足道的方面，在感情上表現出與你的聽眾的親近感與認同感，往往會使你得到巨大的感情回報和共鳴。而一旦建立了這種感情共鳴，就不需要任何苦口婆心地勸誡與說服。

話術點睛

有一句格言這麼說：「人的心和降落傘一樣，必須是開的才有用。」這同樣是說服的原則。如果你不瞭解應該先攻擊對方最容易被感動的那一點，而只是一味地想在言辭上佔優勢，你就會像那些不瞭解水溫和水深的跳水者一樣，一跳歸天。

02 講道理時最好打個比方

不要用皮鞭打他，要用真理說服他。

——哈薩克族諺語

譬喻是用具體的、淺顯的、熟知的事物去說明或描寫抽象的、深奧的、生疏的事物的一種手法。說理中，取喻明顯，把精闢的論述與摹形狀物的描繪揉合為一體，既能給人哲理上的啟迪，又能給人藝術上的美感。

西元前五九八年（周定王九年），南國霸主楚莊王興兵討伐殺死陳靈公的夏徵舒。楚師風馳雲卷，直逼陳都，不日即擒殺了夏徵舒，隨即將陳國納入楚國版圖，改為楚縣。楚國的屬國聞楚王滅陳而歸，俱來朝賀，獨有剛出使齊國歸來的大夫申叔時對此不表態。

楚王派人去批評他說：「夏徵舒殺其君，我討其罪而戮之，難道伐陳錯了嗎？」申叔時要求見楚王當面陳述自己的意見。

申叔時問楚王：「您聽說過『蹊田奪牛』的故事嗎？有一個人牽著一頭牛抄近路經過別人的田地，踐踏了一些禾苗，這家田主十分氣憤，就把這個人的牛給奪走了。這件事如果讓大王來斷，您怎麼處理？」

莊王說：「牽牛踐田，固然是不對，然而所傷禾稼並不多，因這點事奪人家的牛太過了。若我來斷，就批評那個牽牛的，然後把牛還給他。」

申叔時接過楚王的話茬兒說：「大王能明斷此案，而對陳國的處理卻欠推敲。夏徵舒弒君固然有罪，但已立了新君，討伐其罪就行了，今卻取其國，這與奪牛的性質是一樣的。」楚王頓時醒悟，於是恢復了陳國。

足見，在說服他人的過程中，借喻說理會使本身摸不到、看不見的語言變得生動而富有感性，也大大提高了語言的說服力。

話術點睛

講道理以打比方為輔助，有很多好處，一是比較含蓄委婉；二是比喻曉理，道明理通；三是如此說話，較有美感。因此，說服他人時不妨採用適當的比喻，既對說服有很大效用，又能展現一個人說話的藝術感。

03 從對方得意的事說起

唯有感情是始終具有說服力的演說家。

——拉羅什富科【法國】

生活中其實每個人都有自己認為得意的事情，這事情的本身，究竟有多大價值，是另一問題，而在他本人看來，卻認為是一件值得終身紀念的事。你如果能預先打聽清楚，在有意無意之間，很自然地講到他得意的事情，只要他對你沒有厭惡的情緒，只要他目前沒有其他不如意的事情，在情緒正常的情況下，他一定會高興地聽你說的，當然此時說服他就容易得多了。

你在說服的時候當然要注意技巧，表示敬佩，但不要過分推崇，否則會引起他的不安。對於這件事情的關鍵，要慎重提出，加以正反兩方面的闡述，使他認為你是他的知己。到了這種境地，他自然會格外高興，會親自講述，你應該一面聽，一面說幾句表示讚賞的話，如此一來，即使他是個冷靜的人，也會變得和藹可親，你再利用這個機會，稍稍暗示你的意思，進行試探，作為第二次進攻的基點。

這不是失敗，而是你說服他的初步成功，對於涉世經驗不豐富的人，得此成績，已不算壞，若想一舉成功，除非對方與你素有交情，又正逢高興的時候，而且你的談吐又是很容易令人接受的，否則千萬不要存此奢望。

不過，對方得意的事情要從哪裡去探聽，那當然要另謀途徑，試著在你的朋友之中找一下有否與對方交往的人，如果有，向他探聽當然是最容易的。如能留心報紙上的新聞或其他刊物，平日記牢關於對方的得意事情，到時便可以應用。

此外，隨時留心交際場合中的談話，像這些時候談到對方得意的事情，也是很平常的。但是必須注意，對方得意的事情，是否曾遭到某種打擊而消滅，如有這種情形，千萬別再提起，以免引起對方不快，反而對你不利。因為對方在高興的時候，你的請求，就較容易於接受；在對方不高興的時候，就算是很平常的請求，也可能遭到拒絕。比如對方新近做成了一筆生意，你稱讚他目光精準，手腕靈活，引得他眉飛色舞，乘機稍示來意，也是好機會。諸如此類的例子很多，全在於你隨時留心，善於利用。

還要注意的是，當你提出請求時：第一，要看時機是否成熟，第二，說服過程中要不卑不亢。過分顯出哀求的神情，反而會引發對方藐視你的心理。儘管你的心裡十分著急，但說話表情還是要表現大方自然，並且要說出為對方著想的理由來，而不是為你自己打算。

話術點睛

說服其實並非難事，關鍵在於怎樣讓對方接受你，不排斥你。因為一般被說服的對象都會對前來說服的人有所排斥和提防。從對方得意的事談起，讓對方心花怒放，自然也會忘記保持距離。

04 舉例激發同步心理進行說服

優良的示範是最好的說服。

——英國諺語

什麼是同步心理呢？同步心理就是凡事想跟他人同步調、同節奏，也就是「追隨潮流主義」，是那種想過他人嚮往的生活、不願落於潮流之後的心理在作祟。

正是由於同步心理的存在，那種不顧自身財力和精力，也不管是否真心願意而豁出去做的念頭，就很容易趁勢而入，支配人們的行為，促使人們盲目地做出與他人相同的舉動，因而陷入生活拮据的窘境。這種同步心理相當嚴重。「大家都這樣」等字眼的頻繁使用，正是這種「從眾」心理的表現。

妻子：「聽說小張買了房子，而且還是座小型花園別墅，總共有七十坪。真好啊！我們的一些朋友都已經陸續有了自己的家。唉，真是讓人羨慕，什麼時候我們也能和他們一樣呢？」

丈夫：「啊，小張？真是年輕有為啊！我們也得加快腳步才行，總不能在這裡待上一輩子吧。可是貸款購房利息又沉重得驚人。」

妻子：「小張還比你小五歲呢。為什麼人家可以，你就不行呢？目前貸款購房的人比比皆是，況且我們家也還負擔得起。試試看嘛！不如這個星期我們去看看吧。現在正是促銷那種花園別墅的時機呢。買不買是另一回事，看看也不錯！」

於是星期天一到，夫婦倆就帶著孩子去參觀正在出售的房子。

妻子：「這地方真好啊！環境好又安靜，孩子上學也近，而且房價也是我們負擔得起的。一切都那麼令人滿意，不如我們乾脆登記一戶吧！」

丈夫：「嗯，是啊！的確不錯。我們應該負擔得起。就這麼決定吧！」

這句話正中妻子的下懷。她早看準了丈夫的決心一直在動搖，所以用旁敲側擊的方法讓他做出決定，這是妻子的成功所在。

這位妻子為何能夠如願以償呢？因為她懂得去激發同步心理。

上述例子中的妻子成功地掌握了丈夫的同步心理，進而採取相應的說服對策。她先舉出鄰居張先生的例子，繼而運用「大家都買了房子」、「大家都不惜貸款購屋」等一連串話語來激發丈夫的同步心理。

通常人們在受到這類刺激後就很容易變得沒主見，掉入盲目附和的陷阱。所以，推銷員或店員經常會搬出「大家都在用」或「有名的人也都用」等推銷話語，促使人們毫不猶豫地接受。

話術點睛

從心理學角度，人都有一種從眾心理。在說服對方的時候，舉出其他類似者的事例，如親屬或朋友，激發對方的同步心理後，說服就容易生效了。

05 適當沉默，能獲得信賴感

雄辯是銀，沉默是金。

——俗語

有句古話：「不言之言。」還有句俗話：「雄辯是銀，沉默是金。」這都說明保持沉默也能達到說服的效果。而美國前總統尼克森就是善於用「沉默」戰術贏得公眾支持的領導人。

一九六〇年美國總統的選舉，尼克森和甘迺迪是一對競爭激烈的對手。尼克森以其時任副總統之職，在開始時占絕對的優勢，但選舉的結果，甘迺迪扭轉了形勢，獲得勝利。

一九六八年尼克森再次競選美國總統，他記取上次失敗的教訓，想要徹底改變形象。他所採用的技巧之一就是沉默說服。

這次的選舉對尼克森來說，形勢遠比上次艱難，因為他首先必須打敗洛克菲勒等強勁的對手，取得共和黨的提名。所以尼克森在邁阿密的共和黨大會中，儘量保持沉默穩重，表現得對自己很有信心。他說話時，除了強調「法和秩序」以及「盡力達到完美境地」外，絕口不提其他具體的策略，希望能借此完全的沉默戰略，給人以可信賴感，徹底改變他的「敗犬尼克森」的形象。結果，他的戰略成功了，他不僅以微弱的優勢獲得共和黨提名，而且在總統大選中，大敗民主黨對手，榮登美國總統寶座。

在人們的印象中，一般都認為說服應當憑借好口才，用語言攻勢，打敗對方，讓人信服。這種想法其實並不正確，偶爾採取沉默戰術同樣可以達到說服的效果。沉默可以引起對方注意，使對方產生迫切想瞭解你的念頭。

以下我們就來看看一個利用沉默成功說服的例子。

一家著名的電機製造廠召開管理員會議，會議的主題是「關於人才培育的問題」。

會議一開始，山崎董事就用他那特有的聲音提出自己的意見：「我們公司根本沒有發揮人才培訓的作用，整個培訓體系形同虛設，雖然現在有新進職員的職前訓練，但之後的在職進修卻成效不顯著。職員們只能靠自己的摸索來熟悉工作情況，很難與當今經濟發展的速度銜接在一起，因此造成公司職員素質水準普通低下、效益不高。所以，我建議應該成立一個讓職員進修的培訓機構，不知大家看法如何？」

「你所說的問題的確存在，但說到要成立一個專門負責培訓職員的機構，我們不是已經有這種機構了嗎？據我瞭解，它也發揮了一定的功用，我認為這一點可以不用擔心……」社長說。

「誠如社長所說，我們公司已經有組織，但它並沒有發揮實際作用。實際上，職員根本無法從中得到任何指導，只能跟著一些老職員學習那些已經過時的東西，這樣怎麼能夠將職員的業務水準迅速提升呢？而且我觀察到許多職員往往越做越沒有信心、越做越沒幹勁。所以，我認為它的功能不佳，所以還是堅持……」山崎不卑不亢地說。

「山崎，你一定要和我唱反調嗎？好，我們暫時不談這個話題，會議結束後，我們再做一番調查。」社長有些生氣。

就這樣，一個月後公司主管們重新召開關於人才培訓的會議，這次社長首先發言。

「首先，我要向山崎道歉，上次我錯怪他了，他的提案中所陳述的問題確實存在。這個月我對公司進行了抽樣調查，結果發現它竟然未能發揮應有的功效。因此，今天召集大家開會是想討論一下應該如何改變目前人才培育的方法，請大家儘量發表意見吧！」

社長的話一出口，大家就開始七嘴八舌地提出建議，但令人奇怪的是，這一次山崎董事始終一語不發地坐在原位，安靜地聆聽著大家的意見，直到最後他都沒說一句話。

會議結束以後，社長把山崎董事叫進社長辦公室晤談。「今天你怎麼啦？為什麼一句話也不說？這個建議不是你上次開會時提出來的嗎？」

「沒錯，是我先提出來的。」山崎說，「不過上次開會我把該說的都說了，其實那無非是想引起社長你對這個問題的重視罷了。現在的目的已經達到，我又何必再說一次呢？還不如多聽聽大家的建議。」

「是嗎？不錯，在此之前我反對過你的提議，你卻連一句辯解也沒有。今天大家提出的各種建議都顯得很空洞，沒有實際的意義，反倒是你的沉默讓我感到這個問題帶來的壓力。這樣吧，這件事就交給你去辦好了！今天起，由你全權負責公司的人才培訓工作，好好努力吧！」社長終於交接了。

「是，謝謝您對我的信任，我一定會努力把這件事做好！」山崎說。

上面這個例子是個典型的沉默說服法成功的案例。如果你真能適時地利用沉默，有時發揮的作用可能反而要比說話大得多。

當然，也不能一直保持沉默，因為沉默說服本身並不是一種獨立的說服技巧。一味的沉默只能說明你無話可說。沉默之後應有「一鳴驚人」的語言，這樣才能達到說服的目的。

話術點睛

儘管有時需要保持沉默，但不要一直保持沉默，因為沉默在有些時候是制勝的法寶，但更多的時候卻說明你無話可說。沉默本身並不具有威懾力，沉默背後的「一鳴驚人」才能讓你達到說服的目的。

06 告訴對方「別無他選」來誘導他

倘若要說服他人，首先就要想方設法使人聽得進你所說的話。

——昆體良【古羅馬】

古代羅馬的政治家布魯斯特在殺害凱撒之後有一場演說：「你們是希望讓凱撒死而你們大家過自由的日子，還是希望讓凱撒活著而你們都淪為奴隸終至死亡？這兩種你們所要選擇的是什麼？」

布魯斯特的演說，給出了當時長老院的長老們這樣兩個選擇，也沒有其他可以選擇的方法，迫使他們從「自由」或「死亡」之中進行選擇。而很顯然，自由比死亡看起來是更有好處、更有意義的。所以，最後的結局可想而知，長老院最終選擇了自由，而布魯斯特也因此獲得了勝利。

其實，這就是一種製造別無他選的困境的攻心戰術，它的要點就會給人提供有且只有的兩個選擇，而且其中的一個選擇必然好於另一個，再沒有其他什麼選擇的餘地，於是就可以達到普遍認同，而最終選擇其中的好的一個。

在現實生活中，我們時常會面臨著一些選擇，很難下定決心，但是如果猶豫不決，就可能失去機會，在左右搖擺中浪費時光，此時就要善於把自己引導到別無他選的境地，這樣做選擇就會容易一些。

比如，當有人面對著是否該換工作而無法下決心，就可以對他說：「你是要換個工作，開拓新的人生呢？還是要繼續在這裡虛度餘生？」對方在這兩個選項中，自然會容易做出選擇。

設置的兩個選擇沒有優劣之分，還是會讓人無法做出決定，雖說「魚和熊掌不可兼得」，但是「二者皆吾之所欲也」，沒有大的差別，很難讓人取捨，因此，我們還要強調兩個選擇中哪個更優，哪個更劣，有著這樣的一個對比，就更容易讓人做出選擇了。

當美國還是英國的殖民地時，為了擺脫英國的統治，巴特利克說過這樣一句話：「不自由，毋寧死。」這句話被稱為是獨立戰爭的宣言。

其實選擇一個什麼樣的獨立宣言，對當時的美國人來說是非常重要的，因為萬一起義失敗，就會導致不可估量的慘重後果。而且當時的代議員對於局勢也很迷惑，於是要人民自己做個決定，巴特利克就採用了兩者選一的方法，而且使兩個選項形成強烈的對比，使得人們都能做出最明智的選擇。當時，他說的很多話都成了流傳後世的名言，如「要鎖鍊還是要隸屬」、「要英國還是要戰爭」以及「不自由，毋寧死」，等等。

以這種強調兩個選項中其中一項的缺點或者優點，使兩個選項形成對比，讓人們二者選其一，在一般的情況下，人們一定會選擇你所希望中的那一個。因為已經別無他擇了，選其中看起來更好一點的是最明智的選擇。

雖然運用這種方法也常會發生許多障礙，但對於處於迷惑中的人們，則可以迫使其朝著自己所期望的方向去選擇。

例如，當你要說服正在選擇就業公司的畢業生時，可以說：「與其勉強地進入一家好的公司，卻因為能力不夠而被漠視，進而遭受打擊，產生挫敗感，還不如進入一家自己能勝任的公司，找回信心，發揮出自己的優勢，並且得到有效的提高。」像這種說服方式，則可以說明對方消除疑慮和猶豫，儘快地做出選擇。

話術點睛

在生活中，我們往往會遇到談判、競選等場合，這種場合下，當然是需要做出選擇，誰都想讓對方選擇和自己合作，誰都想要群眾選舉自己擔當職務，但是如果不懂得採取一定的心理戰術，則可能會遭受失敗。

07 提出大要求，讓對方自動接受相對小的要求

勸導的姿態，籲請的聲調，以及懇求的神情。這一切都是說明語言生動的東西。試問去掉這些東西，議論的價值還剩下多少？能夠說服誰呢？

——馬克・吐溫【美國】

事例一：

曾經有一家廣告公司，故意在一幅油畫上畫了一個多餘的紅圈。這幅畫是給一個有怪癖脾氣的管理人來鑑定的。他一見如此畫便咆哮起來：「幹嘛畫上個紅圈！趕緊將它塗掉！」

於是，這位廣告商一聲不吭地用顏料把那紅圈塗掉了，這位鑑定者也無話可說了，情願出一個較高的價錢將畫買下。這個小小的「紅圈」便讓廣告商贏得了這位十分難打交道的管理人。

事例二：

美國著名的顧問尼一韋是賀華勃及羅克法芮等許多大名鼎鼎的人物，所常常向他諮詢或請他做決策的人，他曾經很妥善地幫助他們解決了一個個非常難處理的事件。

當時，尼一韋在英國想請著名的阿絲狄夫人，為剛在紐約動工的阿斯托尼亞大飯店舉行奠基典禮。

「不行，」阿絲狄夫人說，「此事恕我無法遵命，你們之所以需要我，只是讓我為你們旅館做做廣告而已。」

而尼一韋的話的確使她大吃一驚。「夫人，的確如此。」尼一韋接著說，「然而，您也不會一無所獲的，您可以借此接近廣大群眾。因為，這個典禮將由廣播電視向全國轉播。」

後來他又向她聲明，他們並不希望她發表什麼演說，只是要她到場露一下臉就行了，並且反復強調了此舉的意義。最後阿絲狄夫人便應允下來，答應出席他們的奠基典禮。

從這裡我們可以看出，尼一韋能使阿絲狄夫人答應的真正原因，還是在於他開始的時候，使夫人感到出其不意的讓步。

阿絲狄夫人說：「他們需要我做廣告，這是我不願意的。然而，他卻坦白地承認了這一點。在這一點上他表示出了讓步。」接下來，尼一韋迎合了阿絲狄夫人的心理去勸說，結果他終於取勝了。

在生活中，我們經常可以見到這樣一種現象：一個人提出了一個大要求後再提出一個同類性質的小要求，這個小要求就有可能被人輕易地接受。這個現象與「進門檻」恰好相反，因而人們稱其為「反進門檻效應」，也叫留面子技術。上面兩個例子就是很好地運用留面子技術。

這個效應在美國心理學家西阿弟尼等人於一九七五年所做的實驗中得到了印證。他們要求第一組被試做一件沒有工資的工作，即當少年犯的顧問，每星期兩個小時，至少做兩年。毫無疑問，沒有一個人答應這樣的要求。

當所有人都拒絕時，實驗者馬上問他們，是否同意做別的事情，只需要很少的時間，即帶著少年犯到動物園遊玩兩個小時；對第二組被試只提出了較小的要求，要求他們帶那些少年犯到動物園遊玩；對第三組被試提出可以在兩種要求中間選擇一個。結果他們同意的百分率分別為五十%、十六%、二十五%。

由此可見，運用這種留面子技術的效果是十分明顯的。事實上，這種技巧在小商品市場中司空見慣。那些小攤販先漫天要價，然後再討價還價，這時人們便以為他為此讓步了，價格比較合理了，因此便接受了他們的要求。

日常生活中，這類例子也比比皆是。例如，你想說服別人借給你伍佰元，你可以先向他提出借兩仟元的要求，遭到拒絕後，待他向你解釋原因時，你可以說：「既然兩仟元很難拿出手，那借伍佰元總可以吧。」這樣，他就有可能答應你這項較小的要求。

在人際交往中，我們也可以利用這種留面子技術，達到勸說別人接受意見的目的。勸說別人，並不意味著只是一味進逼，適當地退讓和承認對方意見的合理性，倒顯得通情達理，使人易於接受勸告。如果妻子只是勸說丈夫每天少抽幾支菸，丈夫可能無動於衷，妻子進而要求戒菸，不許屋裡有菸味，丈夫很可能趕緊讓步，答應每天只抽五支菸，妻子也就達到要求丈夫少抽菸的預期目的了。

「反進門檻效應」的產生與心理反差的錯覺作用密不可分。大要求與小要求會引起心理反差。一般來說，要求之間的差距越大，其心理反差也越大，給人的錯覺也大。這正如魯迅所說，你要求在牆上開個窗戶，大家都反對；如果你提出要掀開屋頂，大家就同意開窗戶了。因為開窗子這個小要求與掀屋頂這個大要求相比差得很遠，大家以為自己得了便宜，免除了掀屋頂的後遺症，便答應了開窗戶的要求。

研究顯示，在社交中運用留面子技術是很有效的。在人際交往的過程中，我們要適當地運用留面子技術，以便達到我們使他人順從、改變他人的目的。但是在運用留面子技術時，要注意以下幾個方面：首先，我們要學會不露痕跡地使用留面子技術。在使用時一定要讓對方處在無意識狀態下。其次，我們要學會合理的讓步法。一般來說，讓步越大，其效應越大。但是，一旦被人認為這種讓步是虛假時，其信任程度就發生了變化，他對你的讓步就不信任了，進而你不管提什麼要求，他都會認為是高的。

08 說服沒有主見的人：「大家的意見都是這樣」

理論只要說服人，就能掌握群眾；而理論只要徹底，就能說服人。
——馬克思【德國】

有心理學家曾做過這樣一個實驗：

五個人圍坐著一張桌子，實驗者請他們判斷線段的長度。每次呈現一組卡片，每組包括兩張，一張卡片上有一條垂直線段，稱為標準線段；另一張卡片上有三條垂直線段，其中一條與標準線段一樣長，另外兩條要麼長了許多，要麼短了許多，要求大學生們把那條與標準線段等長的線段挑出來。

照理論，每個人都可以輕易地做出正確無誤的選擇。當第一組兩張卡片呈現後，每個人依次大聲地說出了自己的判斷，所有人意見一致，都做出了正確的選擇。然後再呈現第二組，大家又都做了正確的一致回答。

就在大家覺得實驗單調而無意義時，第三組卡片呈現了，第一位被試在認真地觀察這些線段後，卻做出了顯然是錯誤的選擇，接著第二、三、四位被試也做了同樣錯誤的回答。輪到第五位被試，他感到很為難，左右看看，因為他的感官清楚地告訴他別人都是錯的，最後，他終於小聲地說出了與別人相同的錯誤選擇。

其實，這個實驗是事先安排好的，前四名被試其實都是實驗者的助手，他們按照事先安排好的程式進行正確或錯誤的選擇，而只有第五位被試者不知道這個情況，是真正的被測試。

參加實驗的真實被試者是具有良好視力及敏銳思維能力的大學生，並且從表面上看，他們可以任意地做出想做的反應，而實質上，也明確要求他們做出他們自己認為是正確的反應。但是，當絕大多數人都做出同樣的反應時，個人就有強烈的動機去贊同群體其他成員的意見，因此有三十五％的被試者拒絕了自己感官得來的證據，而做出了與大多數人一樣錯誤的選擇，這就是心理學上所說的從眾行為。

生活中，你是否遇到過這樣的情形？四個人一起去吃午飯，你看著菜單，小聲嘟囔著：「今天吃什麼呢？來一份炸醬麵吧！」這時同伴中的一個人說：「我要一份牛肉麵。」接下來其他兩個人也都附和說：「那就吃牛肉麵吧！」在這種情況下，你可能也會說：「那我也和你們一樣吧。」這種現象，恐怕在每個人身上都發生過吧。

人們都知道「我行我素」這句成語，而在現實中，卻很難做到這麼「瀟灑」。在現實中，人們往往不是自己喜歡怎樣便怎樣，在很多時候，甚至可以說在大多數時候，人們要看多數人是怎樣做的，自己才怎樣做。

實驗和生活中的現象都說明，當個人的感覺與群體中的大多數人不一致時，個體為了使自己不被人認為「標新立異」，常常會放棄自己的看法而接受大多數人的判斷。所以當我們在說服別人遇到困難的時候不妨說一句「大家的意見都是這樣的」，那麼這個人可能就會改變自己的看法而接受你的建議。

我們來分析一下，為什麼個人會拋棄自己的觀點而接受別人的說服呢？

一般認為從眾行為的原因來源於兩種壓力：一種壓力為群體規範的壓力，任何與群體規範相違背的行為都會受到群體的排斥，個體因為懼怕受到懲罰，或者為了表明自己歸屬於群體的願望，就會做出從眾行為。

另一種壓力是群體資訊的壓力。我們都知道，他人常常是資訊的重要來源，我們透過別人獲得許多有關外部世界的資訊，甚至許多有關我們自己的資訊也是透過別人獲得的。在通常情況下，那些我們認為能帶給我們最正確資訊的人，往往是我們仿效和相信的人。

這種資訊壓力引起的從眾行為，無論在實驗中還是在生活中都是存在的，人們傾向於相信多數，認為多數人是資訊的正確來源而懷疑自己的判斷，因為人們覺得多數人正確的情況比較多。在模棱兩可的情況下，從眾的行為就更容易發生了，因為在這種情況下，人們很容易失去判斷自己行為的自信心。

現實確實如此，社會總是會有大規模的從眾行為，似乎每個人都要參考周圍的人的行為來決定自己應該做些什麼，似乎沒有人自己可以確定自己的主見，就像現在兒童學的鋼琴熱、外語熱、瑜伽熱等，似乎大家在接受什麼，自己也要接受什麼，恰好，我們可以利用周圍人的行為來影響或制約別人，這也不失為一種說服其他人的技巧和方法。

話術點睛

雖然我們每個人都認為自己有判斷能力，但是，很多時候我們總是不自覺地順著多數人說話或辦事，因為我們不可能對任何事情都瞭解得一清二楚，對於那些自己不太瞭解、沒有把握的事情，一般就會採取從眾的做法了。

09 一開始就先聲奪人，讓對方屈服

一個人的膽子大，才能有作為；畏怯的人，懦弱的人，他雖然沒有身臨其境的危險，但只要一聽到人家的恐嚇言語，早已嚇得不知所措，試問這樣的人可能有什麼建樹呢？

——卡內基【美國】

人總是欺軟怕硬的，遇到弱小的一方總是喜歡以強欺弱，非得把對方逼到無路可退的境地，這是人的一種劣根性。如果你居於弱勢地位，當對方不肯輕易順從你的意見，甚至顯示出一種居高臨下的姿態時，可以開始一上來就以「恐嚇」壓制住對方，進而讓對方屈從和改變主意。

《三國演義》中講到，曹操率領大軍南征，劉備敗退，無力反擊，大有坐以待斃之勢。以劉備單獨的力量，絕對無法與曹操的勢力相抗衡，解決的辦法只有一個，就是與江東的孫權聯手。此時，諸葛亮自願出使到江東做說客，但他並不是像一般人那樣低聲下氣地求孫權，卻採用「反客為主」的方法，表現出一副強硬的態度，硬是激發了孫權的自尊心。

當時，東吳孫權自恃擁有江東全土和十萬精兵，又有長江天塹作為天然屏障，大有坐觀江北各路諸侯惡鬥的態勢。他斷定諸葛亮此來是做說客，採取了一種居高臨下的姿態等待著諸葛亮的哀求。

不料諸葛亮見到孫權，開門見山地說道：「現在正值天下大亂之際，將軍你舉兵江東，我主劉備募兵漢南，同時和曹操爭奪天下。但是，曹操幾乎將天下完全平定了，現在正進軍荊州，名震天下，各路英雄盡被其所網羅，因而造成我主劉備今日之敗退，將軍你是否也要權衡自己的力量，以處置目前的情勢？如果貴國的軍勢足以與曹軍相抗衡，則應儘快與曹軍斷交才好。」諸葛亮隻字不提聯吳抗曹的請求，他知道孫權絕不會輕易投降，屈居曹操之下。

孫權聽完諸葛亮一席話，雖然不高興，但不露聲色，反問道：「照你的說法，劉備為何不向曹操投降呢？」

諸葛亮針對孫權的質問，答道：「你知道齊王田橫的故事嗎？他忠義可嘉，為了不服侍二主，在漢高祖招降時不願稱臣而自我了斷，更何況我主劉皇叔乃堂堂漢室之後。欽慕劉皇叔之英邁資質，而投到他旗下的優秀人才不計其數，不論事成或不成，都只能說是天意，怎可向曹賊投降？」

雖然孫權決定和劉備聯手，但面對著曹操八十萬大軍的勢力，心裡還存在不少疑惑——諸葛亮看出這一點，進一步採用分析事實的方法說服孫權。

「曹操大軍長途遠征，這是兵家大忌。他為追趕我軍，輕騎兵一整夜急行三百餘里，已是『強弩之末』。且曹軍多為北方人，不習水性，不慣水戰。再則荊州新失，城中百姓為曹操所脅，絕不會心悅誠服。現在假如將軍的精兵能和我們並肩作戰，定能打敗曹軍。曹軍北退，自然形成三分天下的局面，這是難得的機會。」

於是，孫權遂同意諸葛亮提出的孫劉聯手抗曹的主張，這才有後來舉世聞名的赤壁之戰。諸葛亮真不愧為求人高手。

活著就是一種對抗，如果你不想被對方壓倒，那你就得壓倒對方，時刻佔據上風才能贏。

話術點睛

在現實生活中，用一些巧妙的小謊言反客為主，常能收到非常理想的效果。不過，你一定要注意，自己所說的謊言要不容置疑，這樣才能以假勝真，巧中取勝，黑中取白。否則，會弄巧成拙。

10 用對方的心理定式來誘導對方

人的生命是仰仗自己的力量和誘導而維繫的。
——檀一雄【日本】

心理催眠專家在對人進行催眠的時候，常準備很多對方肯定會回答為「是」的問題，然後依次問對方這些問題，透過讓對方不斷地回答「是」，人為地讓對方形成一種對任何問題都回答「是」的心理定式，進而達到心理催眠的效果。

在心理學上有個非常著名的原理叫做「刻板印象原理」，指一個人在一定的時間內，所形成的一種具有一定傾向性的心理趨勢，會影響他隨後的思維方式和言行舉止。

即一個人在其已有經驗的影響下，心理上通常會對某一特定活動處於一種準備的狀態，進而使其認識問題、解決問題帶有一定的傾向性與專注性。

刻板印象原理無時無刻不在影響著人的思想和行為。蘇聯心理學家曾做過這樣一個關於「刻板印象」的實驗：心理學家把同一張照片出示給參加實驗的兩組大學生看。不過，心理學家事先告訴第一組的學生：照片上的人是一個惡性難改的罪犯；告訴第二組的學生：照片上的人是一位偉大的科學家。最後，心理學家讓這兩組學生分別用文字來對照片上這個人的相貌進行描述。

結果，第一組學生描述道：此人深陷的雙眼表明其內心充滿了仇恨，突出的下巴昭示著他沿著犯罪的道路越走越遠的內心……第二組學生描述道：此人深陷的雙眸表明其思想的深度，突出的下巴表明他在求知的道路上不畏艱難險阻的意志……

同一個人，之所以會得到如此截然不同的評價，僅僅是因為評價者之前得到的關於此人身分的提示有區別，一開始產生了反感，後來就很難認同；一開始認同，往往就會一直認同。

在人際交往中，如果能夠巧妙利用人的心理定式，就可以非常簡單地讓他人點頭稱

「是」，對你心悅誠服。

「今天的天氣真不錯啊！」

「是啊！」

「夫人和孩子也都好吧？」

「是的，很好。」

「今年是你的本命年吧？」

「是的，我屬鼠。」

讓對方不斷地同意你的意見，製造對方「同意」的心理定式，最後，引入正題，對方往往也會同意。或許有人會懷疑，這個簡單得類似於哄小孩子的策略真的能夠奏效嗎？是的，這個策略雖然簡單，但的確非常有效。

幾乎每個人都有過這樣的心理經歷：用「不」來拒絕對方，並不能讓自己心情愉悅，甚至有時會產生不愉快的感覺；相反，表示同意的肯定性回答往往會給自己帶來愉快輕鬆的感覺。也就是說，對人來說，同意是自然的態度，而反對要比同意困難。再加上心理定式對「同意態度的強化」，人在連續地同意了一連串事情之後，要突然扭轉態度是非常困難的。

再則，人天生有一種使自己的言行或者態度前後保持一致的需求，如果產生了不一致，就會造成心理不適。因此，透過製造對方「同意」的心理定式來使對方心悅誠服，是切實可行的說服策略。在與人交往的過程中，先就一些對方肯定會表示同意的事情取得對方的同意態度，使對方形成心理定式，最後再道出正題，往往就會避免雙方的許多意見分歧，使彼此在最短時間內達成共識。

話術點睛

對方一旦有了心理定式，出現刻板印象，就會寧可相信作為「尺寸」的刻板印象，也不相信自己的切身經驗，容易會出現以偏概全的錯誤，這自然有助於我們獲得成功。

11 透過對比讓對方產生錯覺

大自然讓聰明人和傻瓜一樣擁有幻想和錯覺，以便不使聰明人因獨具的智慧而過於不幸。

——尚福爾【法國】

大家都知道，如果先把手在稍熱的水中放一會兒，然後快速地把手移到冷水裡，會覺得普通的冷水簡直就像加了冰塊一樣涼。這是因為先感覺到了熱，突然再去感覺冷，就會覺得加倍的冷。這在心理學上稱為「對比效果」。

在甜甜的西瓜上撒把鹽，就會覺得沒撒鹽的西瓜特別甜。這也是甜味和鹹味相對比引起的結果。對比效果並不僅僅是一種生理現象，美國的說服技巧研究者們透過實驗發現，利用對比效果可以順利地說服對方。

利用對比效果，你能夠順利地從對方那裡得到許諾。比如，假設你想向上司申請有薪假期。如果你直接說「我想休有薪假期」，肯定會被毫不留情地拒絕。上司會說：「現在太忙了，不行！」

這個時候你首先應該認真地對上司說：「有件事情想和您談一下。」這時上司也許會緊張起來，擔心地想：難道是件很麻煩的事情。

然後你再說：「這個週五，我想休有薪假期。」聽到這句話，上司會鬆一口氣，想：原來是這件事啊。這樣做，就能順利地從上司那裡請到假。

還有，請對方原諒自己工作上的失誤時，你也可以使用對比的效果。如果你先說「對不起、我實在說不出口，我犯了一個重大的錯誤」，一般的人都會緊張。然後你再進入主題，這樣能讓對方相對地覺得問題沒那麼嚴重。

話術點睛

人總是習慣用與別人的對比來發現自己的優缺點，然後很快發現，自己在某方面與別人差距甚大，因此他會非常羨慕那個人。羨慕會導致無知的模仿，導致無謂的妒忌，這時我們巧加利用，自然是可以輕鬆獲利的。

12 避免「……的」「……性」的表達方式

附加的多餘的話越多，其說服力就越低。

——勞加·德松【美國】

通常情況下，高、新科技電子產品等的說明書普通大眾很難讀懂，因為其中重點不突出，很多資訊介紹得不清晰不具體，讓人不明白那些有用資訊到底寫在哪裡。特別是國外的說明書原原本本直譯為本國語言時，甚至都讓人不明白說明書到底要說什麼。

產生這種現象最大的原因是使用了「……的」「……性」這種表達方式。也許是因為這種表達方式很方便，所以才被大量使用，卻給讀者帶來了麻煩。

比如，「這種商品的功能性非常好，其外形容易得到良好性評價……」這種表達方式雖然不能說不正確，但是不好懂。如果改為「這種商品性能優良，人們對其外形評價良好……」這種說法，就好懂得多了。

在商務檔和策劃書中，也經常會出現讓人不知所云的句子。原因也是使用了「……的」「……性」的表達方式。這種情況如果在一段文字中只出現一、兩處的話，還可以讓人忍受。但如果一段文字中出現了三、四處，就實在讓人無法忍受了，年輕人喜歡使用「……的」「……性」的表達方式，他們根本就沒有意識到這在別人聽來非常刺耳。而透過故意使用這種表達方式，來影響對方的理解力，也是談判的戰術之一，但這樣做對方肯定會討厭你。所以，除非是在談判中被逼得走投無路，或是想弄得對方丈二金剛摸不著頭腦，你最好還是不要使用這種方法。

美國的說服學學者勞加・德松認為，附加的多餘的話越多，就越沒有說服力。這就是說，本來可以省略不說的「……的」「……性」的表達方式用得越多，反而越難說服對方。請牢記這個原則，在寫商業文書或是在說話的時候，儘量注意不要使用這些不自然的表達方式。

話術點睛

其實，在獲取別人首肯的過程中，不是說的話越多越好，而是要將話盡可能地說到點子上，所以，沒必要的附加話語應該儘量避免。

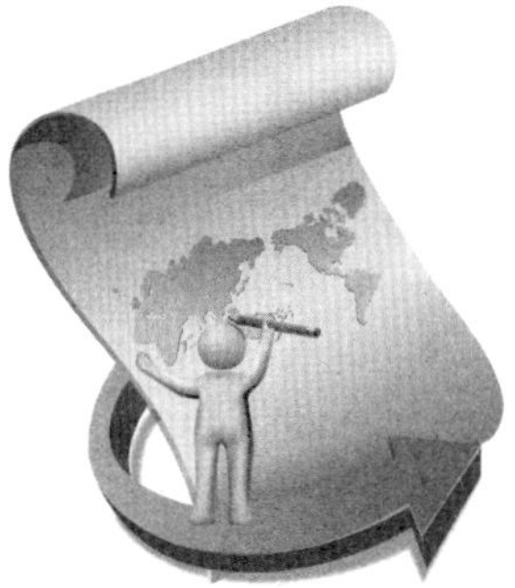

PART 3

怎樣說，才能消除別人對你的敵意

01 被提拔時，怎樣對同事說

謙虛溫謹，不以才地矜物。

——房玄齡【唐】

在現代社會，提拔有德有才之士到領導崗位上是很平常的。這些人，一旦到了領導崗位，就必須掌握說話的藝術和技巧。在被提拔之前，你或許只是個芝麻大的小官，或許是個平民百姓，話說得好不好，對你的影響不太大；可是現在不同了，你到了更高一級的職場上。

俊翰和益儒幾乎是同一時間被公司招募來的，年齡差不多，因此他們成了無話不說的好哥們兒。一起下班一起吃飯喝酒，有時候也不免一起調侃公司裡的長官。可是兩人性格終有差別，益儒沒有太強的事業心，對工作只是完成就好。而俊翰有強烈想證明自己的野心，又善於和上司打交道，對待工作也非常認真，所以沒多久，俊翰就獲得了提升，成了益儒的上級。

益儒對此本來沒什麼異議，因為他也不是貪得功名的人，誰來當他的上級也無所謂，可是讓益儒非常不滿的是，俊翰開始擺起了架子。言談舉止總是提醒益儒，我已經是你的上司了，你不要像以往那樣沒大沒小，拿我開玩笑或者給我找麻煩了……而且俊翰也不再跟舊同事吃飯喝酒，而是開始和長官談笑風生，甚至開始迴避以前共事的同事。結果到年底綜合評分的時候，俊翰被評為乙等而被扣了獎金還挨了上級批評。

故事裡的俊翰雖然被提拔當上了領導者，可是由於沒有擺正自己的位置，也沒有和原來的同事進行有效溝通，結果讓自己因為人緣不好吃了虧，這實在遺憾。

如果他能把話說得動聽，即便有人心裡確實不滿也不會故意難為他。大多數人認為，職場之妙，妙在心機和口舌，可見學會說話已是你當務之急。在你被提拔之後，原來的領導人或許成了你的同仁，而原來的同事成了你的下屬，因為這樣，在你與他們之間突然就有了一種很微妙的距離感。你該如何說話才能儘快打破這種局面，下面的方法可以試一試。

一、對新同事的說話技巧

「各位長官，之前你們是我的上級，曾經不斷鼓勵我上進，並給了我許多機會展示自己的能力和才華，才使我在眾多候選人中脫穎而出，得到提升。我很感謝各位對我的扶持和幫助，也希望在今後的工作中繼續給我指出努力和前進的方向。」

「對於當主管的藝術和學問，我沒有你們在行，你們當主管的時間比我長，所以在許多方面都是我的老師，我要好好向你們請教學習才是……」

二、對舊同事、新下級的說話技巧

「以前我們大家是同事，在一起打打鬧鬧，處得非常愉快，現在雖然沒有更多機會和大家熱鬧，但我們還和過去一樣是平等的，在工作中希望大家支持我；工作之外，和過去沒有任何區別，你們有什麼意見和要求可隨時提出來，有什麼建議和不滿也隨時反映，我一定會盡自己的能力儘快地給予解決。希望大家理解和支持我的工作！也希望大家配合我把工作做得更好！」這樣一番話說下來，相信誰也不會與你為難，對你心存芥蒂了。

總之，被提拔以後也不要有小人得志那樣的驕傲，畢竟你的工作是需要得到上級的肯定和下屬支持的，如果一味「巴結」上級，和以前的同事劃清界限，那麼你的工作就可能得不到下屬的支援，而導致無法進行下去。如果又一味和下屬保持以前那種沒大沒小亂開玩笑的狀況，也會讓你喪失威信，在上級面前無法交差。所以，別小看一次簡單的提升，它可會考驗你說話水準的高低。

話術點睛

當你獲得提拔以後，在有機會的條件下，與老闆單獨相處時，不妨在他面前替同事美言幾句。老闆畢竟瞭解有限，也許只瞭解到同事的單一面，這時，你的讚美就成為老闆的另一個視窗，會讓他對同事產生好感，同事也會因此感激你的。

02 利用讚美婉拒同事的請求

一個人無論稟有著什麼奇才異能，倘然不把那種才能傳達別人的身上，他就等於一無所有；也只有在把才能發展出去以後所博得的讚美聲中，才可以認識他本身的價值。

——莎士比亞【英國】

也許你會遇到同事請你幫忙做事，幫忙本是完全應該的，但若明明自己能夠完成，卻要求你幫忙時，或許他在心裡是瞧不起你的，只是將你作為一個工具來對待。這個忙幫了反而對自己沒有任何好處，心裡還會覺得窩囊。

有些人常常能明白無誤地判斷出別人是在利用自己，但就是沒有合適的理由拒絕他們。其實拒絕這類同事並不需要什麼理由，只說「感到遺憾」就夠了。但如果你心腸軟，不忍心拒絕的話，說些恭維話或提些有益的建議，中間再加以拒絕就容易多了。比如，你可以這樣說：「對不起，李大姐，我今天不能幫助妳。」

「哎呀，我看得出李大姐妳忙得不可開交，但我確實不能幫妳，因為我自己的事情還遠未完成，也許小王不太忙，為什麼不先請他幫忙呢？」

如果你覺得自己實在無法開口，那你可以先在家裡練習如何堅定地拒絕。你先把要說的話錄下來，或者練習一下拒絕的話，這樣你在拒絕他們的時候，就會表現得堅定而有禮貌。

比如說：「李大姐，我得提醒妳，我知道妳只有在工作時間才能打私人電話，而這在我們公司是絕對禁止的。如果被抓到，那就麻煩了。不過，我倒有個建議，不妨向上司講清楚妳的難處，安排妳離開幾個小時去處理急需解決的私事，並保證以後把這段時間的工作補上。」

在拒絕這類同事的時候，你必須講究技巧，在向他們表達拒絕時一定要巧妙，要採取較為合適的方法，認真考慮如何以較為負責的方式滿足這種人的要求。把責任放回他身上是應該的，但不要流露出敵視或諷刺的跡象。

直接的拒絕有可能會傷害彼此的感情，如果使用讚美的語言，溫柔而堅決地推卻，再透過對比曉以利害，拒絕的效果還是會不錯的。

甲要參加學校的論文比賽，可是他自己懶得動腦筋，要乙替他寫。乙說：「我們兩個同學這麼多年，你的文采誰不知道，你是咱們系大名鼎鼎的才子，誰能比得上你呀？對不起，我可不能辱沒你的名聲，還是你自己寫吧。我做你的第一位讀者倒是可以的。」

如果甲胡攪蠻纏，不妨對其曉以利害：「你代表的可是學校的名譽，如果我來代筆真出了什麼問題，你能擔當得起嗎？既然看中了你就是你的福氣，你再不抓住時機，或許以後就沒有機會了！」總之，利用讚美能夠增強對方的自信心，或許更能夠滿足對方的虛榮心，即使對方真的能力有問題也不好意思再找你了，就能達到推卻的目的。

話術點睛

同事之間有了糾紛並不可怕，只要我們能夠面對現實，積極採取措施去化解問題，同事之間仍會和好如初，甚至會比以前的關係更好。

03 「投其所好」，先和對方站在同個立場

我只是投其所好，儘量只談他感興趣的話題。

——唐駿

在唐朝時期，當時的圍棋名手曾創立「圍棋十訣」，其中有一訣是「勢孤取和」，意思就是當自己力量不夠，勢弱無力和對方抗衡時，最好先和對方和解或先順對方的意，不要正面和對方起衝突，寧可屈身等待時機。

說話也是如此，如果對方的勢力比你強，或者情勢上不允許你強出頭，當對方非常堅持自己的立場時，你最好不要正面反駁，這時你該意識到，對方是一面牆，是一把

劍，你如果朝正面衝過去，難免受到皮肉之傷，甚至造成不可收拾的後果，就是對方拒絕和你再溝通或者彼此形成敵對的狀態。

這個時候，你可以運用「投其所好」的策略，先不去否定或反對他的主張，先和他站在同一邊，然後再根據他的看法，加上你的建議，這麼一來，對方會把劍收回去，把牆挪開。

例如，當對方這樣說：「雖然我們公司很想貴公司合作，但最重要的是費用上的考量，畢竟還有好幾家公司開出了更為誘人的條件。」

你就可以回答：「我瞭解貴公司有費用上的考量，所以我才會毛遂自薦，希望與貴公司達成合作。因為我們公司服務是有口皆碑的，不僅效率高，而且內部協調很到位，可以讓貴公司的人事費用和其他業務成本大大降低，長期來說，貴公司反而可以省下更多經費。」對方一聽到可以省更多費用，很可能就會立刻答應簽約。

這是一個很典型的案例。這個策略主要是讓對方出乎意料、意想不到：我們竟然會同意他的看法，而且居然和他站在同一邊。如此一來，對方就很難拒絕和你合作，這是很常用的心理戰術之一。同樣的攻心策略，也可以運用在公司內部；每個公司多少都會有比較頑固或激進的員工，這時，身為上司的你就可以對下屬說：

「你的意見我非常贊成，我也願意支持你去做，但是，只要有任何差錯，我這個支持者就會失去舞台，甚至要扛下責任，到時候，恐怕沒人敢再支持你了。」

這時候，激進的下屬一想到會連累你，就會靜下心來反省自己；或者，對自己很有信心的下屬，在執行這件你支持他的任務時，會特別小心，以免失去你這個唯一的支持者。如此看來，我們在平時的語言交流中，的確可以適當運用投其所好的策略，與對方站在同一立場，以便讓對方無法對我們說不，這樣一來，我們便能很快達成目的了。

話術點睛

投其所好，是一種藝術，一種智慧，也是一種很好的溝通技巧。它可以幫助你尋求與不同職位、不同行業、不同經歷的人的利益共同點。只要抓住對方的心理，說對方感興趣的話題，即使對方十分頑固，你也照樣不用害怕會冷場。

04 別在口頭上把同事比下去

驕傲自滿是我們的一座可怕的陷阱，而且，這個陷阱是我們自己親手挖掘的。

——老舍

嫉賢妒才，幾乎是人的本性。想想看，當你將所有的目光和風光都搶盡了，卻將挫敗和壓力留給別人，那麼別人在你的光芒壓迫之下，還能夠過得自在、舒坦嗎？要知道，一個人鋒芒太盛了難免灼傷他人。例如，曹植鋒芒畢露，終招禍殃，文名滿天下，卻給他帶來了災禍，這難道是他的初衷嗎？他只是不知道收斂罷了。

在名利場中，要防止盛極而衰的災禍，必須牢記「持盈履滿，君子兢兢」的教誡。

有才卻不善於隱匿的人，往往招來更多的嫉恨和磨難。

唐人孔穎達，字仲達，八歲上學，每天背誦一千多字。長大後，很會寫文章，也通曉天文曆法。隋朝大業初年，舉明高第，授博士。隋煬帝曾召天下儒官，集合在洛陽，令朝中士與他們討論儒學。

穎達年紀最小，道理說得最出色。那些年紀大、資深望高的儒者認為穎達超過他們是恥辱，便暗中刺殺他。穎達躲在楊志感家裡才逃過這場災難。到唐太宗，穎達多次上訴忠言，因此得到了國子司業的職位，又拜酒之職。太宗來到太學視察，命穎達講經。太宗認為講得好，下詔表彰他，但後來他卻辭官回家了。

南朝劉宋王僧虔，是東晉名士王導的孫子，宋文帝時官為太子庶子，武帝時為尚書令。年紀很輕的時候，僧虔就以擅長書法聞名。宋文帝看到他寫在白扇子上面的字，讚歎道：「不僅字超過了王獻之，風度氣質也超過了他。」當時，宋孝武帝想以書名聞天下，僧虔便不敢顯露自己的真跡。大明年間，他曾把字寫得很差，因此平安無事。

當你把別人比下去，就給了別人嫉妒你的理由，為自己培養了敵人。所以，在與人逞強之前請先三思。當然了，如果你確實有真才實學，又有很大的抱負和理想，不甘於停留在一般和平庸的階層。那麼，你可以放開手腳大幹一場，但有一點，你必須注意時刻提防周遭的嫉妒。要想使自己免遭嫉妒者的傷害，你需要注意自己的言行，儘量不要刺激對方的嫉妒心理。對於你周圍的「嫉妒」者，可迴避而不宜刺激。同事的嫉妒之心就像馬蜂窩一樣，一旦捅它一下，就會招致不必要的麻煩。

既然嫉妒是一種不可理喻的低層次情緒，就沒必要去計較你長我短、你是我非，更不必針鋒相對，非弄個「水落石出」、「青紅皂白」不可。須知，這不是學術討論，更不是法庭對峙，你的對手不會用「邏輯」、「情理」或「法律依據」與你爭鋒的。嫉妒之人本來就沒有與你處在同一等級上，因此任何「據理力爭」都只會使你吃虧，不僅降低等級，還浪費時間，虛擲精力。

但怎樣才能做到既不刺激對方的嫉妒心理，又努力做出被大家公認的成績呢？我們認為最有效的辦法就是巧妙地示弱。

關於這種方法，帕金森先生在《管理藝術精粹》中說過：「大多數組織在結構上像一座金字塔，當一個人向金字塔頂端爬上去的時候，重要的崗位越來越少。因此，一個新進被提升的管理者，一定要特別謹慎小心。首先，他從前的大多數同事深信自己應該得到這個職位，並且為自己沒有得到它而不快。但特別重要的是：一個被提升的管理者必須想盡辦法表現出謙遜和不盛氣凌人。他一定不能忘記他從前的共事者。」

如果不懂得這個道理，將會引來許多麻煩。尤其在職場中，你很可能因此為自己培養了敵人。所以，在與人逞強之前請先三思，什麼時候也不要把別人比下去。

話術點睛

面對別人的嫉妒，最佳應對方式是胸懷坦蕩、從容大度。對出於嫉妒的種種「雕蟲小技」，完全可以視若不見、充耳不聞，以更為出色的成績來證實所受的認可是完全公正的。

05 對別人說話要寬容

一個偉大的人有兩顆心：一顆心流血，另一顆心寬容。

——紀伯倫【黎巴嫩】

生活中，和別人之間難免有不同意見，要儘量避免生硬的傷害他人自尊心的言語，以商量的態度提出自己的看法。如果遇到不合作的人，也要表現出你的寬容和修養。學會耐心傾聽對方的意見，並對其合理成分表示贊同，這樣不僅能使不合作者放棄「對抗狀態」，也會開拓自己的思路。

某人得罪過你，或你曾得罪過某人，雖說不上反目成仇，但心裡確實不愉快。如果你覺得有必要，可主動去化解僵局，也許你們會因此而成為好朋友，也許只是關係不再那麼僵而已，但至少減少了一個潛在的對手。這一點相當難做到，因為大多數人就是拉不下臉來！要允許別人犯錯誤，也允許別人改正錯誤。不要因為某人有過失，便看不起他或一棍子打死，或從此另眼看待對方，「一過定終身」。

別人所犯的錯誤有時候會給你帶來一定的損害，或在某種程度上與你有關。因此，能否用一種寬容的態度對待這種「過」，就是衡量人的素質的一個標準。原諒別人是一種美德，有時儘管自己心裡並不痛快，但卻應該設身處地地為別人著想，考慮一下自己如果在他那個位置會如何做，做錯了事之後又有何種想法。

小張和小楊合作共同完成一項工程。工程結束後，小張有新任務出差，把總結和彙報的工作留給了小楊。正巧小楊的孩子生病了，小楊因為忙於帶孩子看病，一時疏忽，把小張負責的工作中一個重要部分給弄錯了。

總結上報給主管以後，主管馬上看出了其中的毛病，找來小楊。小楊怕擔責任，就把責任推給了小張。因為工程重要，主管立刻把小張調回來。小張回來後，莫名其妙地挨了主管一頓訓斥。仔細一問，這才明白了是怎麼回事，於是趕快向主管解釋，才消除了誤會。

小楊平時與小張關係不錯，出了這件事後，心裡很愧疚，又不好意思找小張道歉。小張瞭解到小楊的情況，主動找小楊，對他說：「小楊，過去的事就讓它過去吧，別太在意了。」小楊十分感動，兩人的關係又近了一層。

其實只要你願意做，你的風度會贏得對方對你的尊敬，因為你給足了他面子。寬容大度是一種胸懷，為一點小事斤斤計較，爭吵不休，既傷害了感情也無益於成大事，甚至最後傷害的還是自己。雖然有的時候，對別人寬容是要以付出痛苦為代價的，但是當你顯示出自己的寬容和大度時，機會也就隨之而來了。

話術點睛

如果同事對你的敵意是由你的不當言行而引起的，你就應勇敢地承認自己的錯誤。這樣不僅可以有效地防止對方對你的進一步攻擊，避免你們之間的關係進一步惡化，同時，還可以挽回你與同事之間的合作，迅速扭轉不利局面。

06 不要隨便與別人爭執

忍一時風平浪靜，退一步海闊天空。

——佚名

不管是生活中還是工作中，人與人之間都很容易發生爭執，有時搞得不歡而散甚至使雙方結下芥蒂。發生了衝突或爭吵之後，無論怎樣妥善地處理，總會在心理、感情上蒙上一層陰影，為日後的相處帶來障礙，所以最好的辦法還是儘量避免它。

中國人常用這麼一句話來排解爭吵者之間的過激情緒：「有話好說」這是很有道理的。根據心理學家分析，爭吵者往往犯了三個錯誤：第一，沒有明確清楚地說明自己的想法，含糊、不坦白；第二，措辭激烈、武斷，沒有商量餘地；第三，不願以尊重的態度聆聽對方的意見。另一項調查顯示，在承認自己容易與人爭吵的人中，絕大多數人不承認自己個性太強，也就是不善於克制自己。

某公司的一個部門裡有兩位職員，工作能力難分伯仲，互為競爭對手，誰會先升任科長是部門內十分關心的話題。但這兩個人競爭意識過於強烈，凡事都要競爭。快到人事變動時，他們的衝突已經激化到了不可收拾的地步，好幾次互相指責，揭發對方的短處。科長及同事們勸都勸不開，最後結果，兩個人都沒有被提升，科長的職位被部門其他的同事獲得了，因為他們在爭執中互相揭短，在眾人面前暴露了各自的缺點，讓上司認為兩個人都不夠資格升遷。

退一步說，即使和別人沒有競爭關係，沒有提升不升遷的前途問題，而只是彼此看不慣，也不必非說一些撕破臉皮的話。相互之間有了不同的看法，最好以商量的口氣提出自己的意見和建議，語言得體是十分重要的。應該儘量避免用「你從來也不怎麼樣……」、「你總是弄不好……」、「你根本不懂」這類絕對否定別人的消極措辭。每個人都有自尊心，傷害了他人的自尊心，必然會引起對方的反感。即使是對錯誤的意見或事情提出看法，也切忌嘲笑。

幽默的語言能使人在笑聲中思考，而嘲笑讓人感到含有惡意，這是很傷人的。真誠、坦白地說明自己的想法和要求，讓人覺得你是希望與他人合作而不是在挑別人的毛病。同時，要學會聆聽，耐心地聽對方的意見，從中發現合理的部分並及時給予讚揚或同意。這不僅能使對方產生積極的心態，也會給自己帶來思考的機會。

如果遇到一位不合作的人，首先要冷靜，不要讓自己也成為一個不能合作的人。寬容忍讓可能會令你一時覺得委屈，但這不僅表現你的修養，也能讓對方在你的冷靜態度下平靜下來。當時不能取得一致的意見，不妨把事情擱下，認真考慮之後，或許大家能找到解決問題的好辦法。

善於理解、體諒別人在特殊情況下的心理、情緒是一種較高的修養。有的人生性敏感，遇到不順心的事就發洩怒氣，這就可能是造成態度、情緒反常或過激的原因。對此予以充分諒解，會得到相應的回報。

話術點睛

心胸開闊是非常重要的。任何人都會出現失誤和過錯，別人無意間造成的過錯應充分諒解，不必計較無關大局的小事情。

有句話叫：「得饒人處且饒人。」千萬不要動不動就抓住別人小辮子不放手，或者跟別人爭吵。聰明的、討人喜歡的人應該學會忍讓，不做「嘴巴不饒人」的辣椒。

07 工作中說錯話要及時補救

亡羊而補牢，未為遲也。

——劉向【西漢】

亡羊補牢的成語故事可謂家喻戶曉了，大家都知道亡羊後在於怎麼把「牢」補上。

我們生活在一個人與人構成的社會當中，交流是必要的，既然要說話，難免有口誤，尤其是在辦公室這樣一個特殊的環境裡，說錯話並不是少有的事。

當你在上司面前言行失誤時，心裡不要緊張和恐慌，這時關鍵是要施以巧言挽回失誤。有幾種方法可供參考。

一、坦率道歉

有一次鎮源在跟同事聊天時，開玩笑地說上司「像個機器人」，不巧正好被上司聽到了。於是，鎮源寫了一張字條給上司，約他抽空談一談，上司同意了。

「顯而易見，我用的那個詞絕無其他用意，我現在感到悔恨。」鎮源向上司解釋道，「我之所以用『機器人』之類的字眼，只不過想開個玩笑，我感到您對工作一絲不苟，但對我們有些疏遠，因此，『機器人』三個字只不過是描述我這種感情的一種簡短方式。請您諒解！以後我會注意自己的表達方式。」

上司為鎮源合情合理的解釋和自我批評的行為而感動，他當即表態，說會努力善解人意，做個通情達理的領導人。鎮源的坦率道歉，讓他和上司化干戈為玉帛。

有些人在對上司說了不敬的話後，往往會一味地自我譴責甚至自我羞辱，然後低聲下氣地去道歉。但許多情況下，僅靠一句「對不起」無法取得上司的諒解。

道歉要坦率，更為關鍵的是，要透過道歉把問題講清楚，只有這樣才能促成和上司的充分溝通，進而順利解決自己言行失誤帶來的感情危機。

二、真心巧表，妙用修辭

在上司面前做錯了事，道歉並不總是唯一正確的選擇。因為道歉過後，上司可能只是原諒了你，怨氣消了不等於喜氣來了，但如果能為自己的失誤加上一個美麗的修飾，錯誤反而成了向上司表達忠心的舉動，難道不令人拍案叫絕嗎？

三、先恭維，再說道歉

余先生被調派到分公司工作了半年，一回到總公司，馬上就趕著去問候以前很照顧他的陳科長。余先生對過去陳科長經常不辭辛苦地跑到分公司給予指導的事，反復致謝，可是，不知怎麼搞的，對方反應似乎很冷淡。當余先生納悶地走出門時，一名同事才過來告訴他：「陳科長已經升為副處長了呀！」

不知道對方已經升官，依然用以前的職稱稱呼，可能會讓對方的心裡覺得不舒服。余先生頓時恍然大悟，後悔自己沒有事先確認對方的職位是否已經有所變化，所以失了言，但說錯的話已經收不回來，怎麼辦？他想了想，馬上返回到陳處長的辦公室，開口說：「陳處長！真是恭喜您了！您也真是的，剛才也不告訴我一下。我在分公司難免消息不靈通。不過，錯漏您升官的消息是我的不是，真對不起，請原諒！」

像這樣明白地講出來，並把衷心的祝賀表達出來，自然也就化解了陳處長心中的不快。犯了類似無心之過時，先用甜言蜜語恭維一番你的上司，再真誠地分析自己的失誤，表示你的歉意，不失為消除上司心中不快的好辦法。要是與同事之間因為某些言行不夠謹慎，言談欠周到、細緻而發生一些誤會，我們也要積極想辦法去消除，做到亡羊補牢。

一、當面說清楚

雖然誤會的類型各式各樣，但解決的最簡捷、最方便的方法便是當面說清楚。大多數人也都喜歡這種方法。因此，如果有誤會需要親自向對方做出說明，你千萬不要找各種藉口推託。一定要戰勝自己的懦弱，克服困難，想方設法地當面表明心跡，千萬不要輕信第三者的隻言片語。

二、不要放過好時機

解釋緣由，消除誤會，必須選擇好時機，一定要考慮對方的心境、情緒等情感因素。你最好選擇升職、漲薪資或婚宴等喜慶日子，因為這時對方心情愉快，神經放鬆，胸懷也就較為寬廣。你如果能抓住這些時機進行表白，往往能得到對方的諒解，重歸於好。

三、請同事幫忙

你與同事的誤會常常是在工作中產生的，雙方的誤解涉及許多方面。個人解決可能會受到限制，有時候不能明白透徹地說清楚，這時候，你可以請其他同事幫忙，把事情徹底地弄清楚。當然，你也不必興師動眾，叫上一群同事大費口舌。

當誤會不便於直說，你們雙方又都覺得心裡不愉快，產生了生疏和隔閡時，你只需要讓同事幫忙為你們提供一個暢談的機會。在和諧、友好的氣氛中，彼此間心理上的距離便會縮短，許多小誤會和不快都會自然消失。

遇到和上司、同事之間的不愉快，尤其是因為自身原因引起的，不要刻意迴避，問題一日不解決，你的損失就越來越大。

話術點睛

工作中說錯話是一定要補救的，不然很容易得罪人或者影響工作，對你是十分不利的，這一點一定要多加重視。

08 不要散佈流言蜚語

流言止於智者。

——荀子【戰國】

現實生活中，常有些人沒事就散佈別人的流言蜚語，雖然他們可能並非有意，但他們的言語卻對別人產生了很大的影響，甚至有些人會被流言蜚語淹沒，自身的才能被流言蜚語漸漸吞噬。

流言蜚語會對人們的工作、生活產生巨大影響。小雯就遇到過這樣的痛苦經歷，下面我們來聽聽她的講述：

「我為人善良，但很好強。我既想在事業上有所作為，又不想讓他人說三道四。說來有些慚愧，高考落榜後，我進了一家工廠。一進廠，廠裡就對我們一同來的二十個女同學進行培訓。三個月以後，只有我一人分到辦公室工作，其他人全到生產線去了。

在辦公室工作許多事要從頭學起，我虛心向老員工請教，勤奮學習，細心觀察別人對問題的處理方法，以便能很好地勝任自己的工作。我這個人不笨，辦事也有一定的能力。就在工作取得一定成績的時候，聽到別人議論自己，說我是靠不正當手段進辦公室的，說我與上司的關係不是一般等等的閒話……

我的上司有能力，但名聲的確不是很好，經常開過頭的玩笑。我對他也很看不慣，但畢竟是上司，所以我只能對他敬而遠之。可是有些同事總是愛在背後議論我的品行，他們這些無中生有的議論，實在影響我的情緒，讓我心理壓力很大。我沒有用任何手段使自己分到辦公室工作，我自認為是憑自己的本事得到這一份工作的，可是『人言可畏』啊！自從聽到傳言之後，我處處小心，卻也感到孤獨、煩惱，該怎麼辦呢？」

上例中的小雯就是一位典型的被流言蜚語所傷的受害者，男女關係是散佈流言蜚語的同事最喜歡傳播的小道消息之一。當然了，這類同事散佈流言蜚語不僅僅是這一方面，他們散佈的話題非常廣泛，比如，某人工作有了一些成績、家庭出現一些問題，甚至多接幾個電話都會有流言蜚語產生。流言蜚語是軟刀子殺人，會使人陷入深深的痛苦之中而無法自拔。

面對流言蜚語，如果你是個很有正義感的人，忍不住會挺身而出「匡扶正義」，也可能你是個外向型的人，眼裡看不慣嘴裡要說出來，也可能你是個「事不關己，高高掛起」閒事少管的人……不管你是個什麼樣的人，你都得要和別人相處下去。這就需要你掌握一些說話的方法，在人前塑造一種受歡迎和受欣賞的說話形象和風格，以便使身邊的人不至於小看你，或者抓住你的某個話柄找你的麻煩。

對於造謠中傷大多數人都是深惡痛絕，而提到流言蜚語，雖然人人痛恨，但不少人總在不知不覺中就加了進來。

什麼叫流言蜚語？有人下過這樣一個定義：「把一種信念具體化地提示、表達出來，從這個人嘴裡傳到另一個人嘴裡，全無應該作為其證據的確實證據，卻被四處散佈。」讀起來非常拗口，但簡單明瞭一點，就是：「毫無根據地傳閒話。」

許多人傳播流言蜚語並不認為自己在傳閒話。而且流言蜚語往往傳得特別快，今天早上發生一件事，一經傳播家們的渲染，繪聲繪色的敘述，晚上定能傳遍整個社區，而且面目全非。

如果自己不能時刻覺察到自己有這個毛病，那麼，請別人來提醒你，糾正它。加入流言蜚語的行列實在是極愚蠢的，害人又害己。試想一下，當你偶然發現某位跟你十分投契的朋友，竟然在你背後四處散播謠言，數說你的不是和缺點，這時你才猛然覺醒，原來平日的喜眉笑目，完全是對方的表面文章！晴天霹靂之餘，你也會痛心地想跟他一刀兩斷，日後也想報復他！

因此，凡是有點頭腦的人，都會反過來想：這次你在我面前說別人的壞話，下次你就有可能在別人面前說我的壞話。這樣一來，你在別人的印象中就不可能好到哪裡去。

話術點睛

如果遇到別人在你面前說另一個人的壞話，最好不要參與到他的談論裡，並用辯證的思維去考慮這種情況，做個「無言」的傾聽者。

09 忍字當頭，避免因衝動說錯話

能忍耐的人才能達到他所希望達到的目的。

——佛蘭克林【美國】

面對衝突，一般最簡單的做法就是用強去爭，但可能對方比你還強，你用強，別人亦用強，結果就不那麼妙了。

實際上，在聰明人看來，低頭不單是緩和衝突，也能化解衝突，而爭只有在極端的情況下才能解決衝突，在多數情況下只能激化衝突。其實在很多事情上，頭低一些，退讓一步，不但自己過得去，別人也過得去，產生衝突的基礎不復存在，衝突自然就化解了，事情當然也就更好辦了。

馬丁在紐約市出生並長大，已經三十多歲了。這時他剛搬到西海岸，在一家建築公司擔任管理職務。他曾聽到他的同事敘說過一些有關老闆謝爾曼和彭澤的事情。當時他對此還表現得嗤之以鼻，他認為在背地裡談論老闆畢竟不是什麼見得了光景的事。

這天早晨，馬丁走進了他的辦公室。還未等他安安穩穩地坐下，他的老闆便快速走了進來。他像裝了火藥的大炮，一進馬丁的辦公間便用高分貝的聲音對馬丁嚷道：「先生，別以為現在你已經很安穩很舒坦了，這是一個十分不對的想法。你知道，像我們這樣一間規模大而且又生氣十足的私人公司是容不得打諢和懶散的人，你知道我說的意思吧！」

謝爾曼停頓了一下，似乎是剛才的一陣陣連環炮讓他感覺到有些累了，但還沒等馬丁舒完一口氣，他便又瞪大眼睛並以咆哮的聲音警告馬丁：「老兄，在我這裡你可不要妄想浪費時間，因為想要工作的人多得很，有人甚至為了得到這家公司工作的機會而塞錢給我呢！」

這部「戰車」對他一陣掃射後，馬丁完全可以感受到同事們的目光。「他以為他是誰啊？」馬丁自言自語的，心裡充滿了委屈。

諸如此類情況，相信你也曾遇到過。顯然，如果此時一旦衝動起來，將會發生什麼可想而知。而這勢必會影響你未來的發展，那麼，該如何處理呢？來看看馬丁的做法吧。

馬丁表現得很冷靜，雖然他的內心也充滿了火氣，但他很快調整了過來，他開導自己：其實上司對我沒有任何成見。他以激烈的言辭攻擊，其背後的動機是因為把工作看做是最重要的事。在他看來，應該要發生的事沒有發生，所以他就用激烈的態度和集中大家焦點的方式，來證明自己可以掌控局面，而我剛好站在火線上。

於是他壓抑了反擊的行動，穩住自己的立場，盯住老闆的眼睛，屏息等待風雨停止。老闆發作完了，馬丁問：「還有別的指示嗎？」

顯然，事情還沒完。烈火戰車再次裝滿謾罵的火藥，然後再度打開。馬丁隱忍不發作，慢慢吸了口氣，平靜地：「還有別的嗎？」

「怎麼，你……」謝爾曼最後一次裝上火藥發射，現在，他的火藥已經全部用盡了，他能罵的都罵完了。這時他站在那裡靜靜地盯著馬丁，好像在等待他的回答似的。馬丁平靜地說：「那麼，現在我要回去工作了。」謝爾曼聽到後平靜地走開了。

所以，如果在說服他人的過程中也處於馬丁的情況，最好也是和他一樣，先壓住火氣，調整心態，穩住立場，然後做自己該做的事。這樣，既不會因自己的衝動而斷送前程，也不會讓發動進攻者抓住自己的把柄，而所有的不滿與憤怒，又在默默無聲中傳遞給了對方，讓對方在靜默中反省自己的錯誤。

忍耐並非沒有出息，而是一種另闢蹊徑的進取之法。掌握並活用這種方法，相信你一定會受益匪淺。

話術點睛

忍耐是為了讓自己與當時的環境產生一種和諧的關係，讓那些原本準備射向自己的明槍暗箭紛紛調轉方向，進而保存自己的能量，以便走更長遠的路。這顯然是更高明的策略。

10 嘴上擔過，下屬會對你心悅誠服

大樹底下好乘涼。

——俗語

當老鷹盤旋在天空時，我們看到草地上覓食的老母雞總是急忙招來小雞，將牠們藏匿在自己溫暖的翅膀下。其實，上司對下屬也應如此。俗話說「大樹底下好乘涼」，倘若領導者能給下屬提供一個乘涼的好地方，那麼下屬將會因領導者的施恩而「報效」於他。

魏扶南大將軍司馬炎，命征南將軍王昶、征東將軍胡遵、鎮南將軍毌丘儉討伐東吳，與東吳大將軍諸葛恪對陣。毌丘儉和王昶聽說東征軍兵敗，便各自逃走了。

朝廷將懲罰諸將，司馬炎說：「我不聽公休之言，以致於此，這是我的過錯，諸將何罪之有？」雍州刺史陳泰請示與並州諸將合力征討胡人，雁門和新興兩地的將士，聽說要遠離妻子去打胡人，都紛紛造反。

司馬炎又引咎自責說：「這是我的過錯，非玄伯之責。」老百姓聽說大將軍司馬炎能勇於承擔責任，敢於承認錯誤，莫不嘆服，都想報效朝廷。

司馬炎引二敗為己過，不但沒有降低他的威望，反而提高了他的聲望。如果司馬炎諱敗推過，將責任推給下屬，必然上下離心，哪還會有日後的以晉代魏的局面呢？

將帥的威信從律己中來，這是一個既淺顯又深奧的道理。「身不正則令不從，令不從則生變」對於雄霸天下的人來說，有了這種威信，就有了感召天下的力量源泉。

做下屬的最擔心的就是做錯事，尤其是費了九牛二虎之力後卻依然闖了大禍的事，因為隨之而來的便是懲罰問題、責任問題。而生活原本就是一連串的過失與錯誤，再仔細、再聰明的人也有陰溝翻船的時候。可是翻了自己的小船便也罷了，而一旦不小心捅漏了多人共同謀生的大船，也就真有可能弄個「吃不完兜著走」的下場。因此，沒有哪個人不害怕承擔責任。

大多數上司在處理下屬乃至自己本人的失誤和錯事的時候，總是想提出各種理由為自己開脫，唯恐遭到連累，引火焚身。殊不知，既是他人的「上司」，那麼下屬犯錯，即等於是自己的錯，起碼是犯了監督不力和委託非人的錯誤，何況上司的責任之一，就是教導下屬如何做事。

所以，作為上司，在下屬闖禍之後，首先要冷靜地檢討一下自己，然後將他叫來，心平氣和地分析整個事件；告訴他錯在何處，最後重申他的宗旨——每一個下屬做事都該全力以赴，漫不經心、應付差事是要受懲罰的。當然，還要讓他明白，無論如何自己永遠是他們的後盾。

那種不分青紅皂白，無論下屬的過錯是否與自己有關就大發雷霆，不時強調「我早就告訴你要如何如何」或「我哪裡管得了那麼多」之類言語的上司們，不僅使下屬更不敢於正視問題，不再感到絲毫內疚，而且避免不了日後會跟這種上司大鬧情緒，甚至永遠不可能再擁戴他。

話術點睛

當下屬在工作中犯了錯誤，受到大家的責難，處於十分難堪的境地時，作為領導人，不要落井下石，更不要找替罪羊，而是應勇敢地站出來，實事求是地為下屬辯護，主動承擔責任，為他收拾「爛攤子」。

11 如何消除員工對你的仇視敵意

即使開始時懷有敵意的人，只要自己抱著真實和誠意去接觸，就一定能換來好意。

——池田大作【日本】

做好管理工作真的不容易，有人說做事容易做人難，管得多了不但沒有效果，反而會影響彼此的人際關係；管得少了雖然能保住彼此的感情，但是效果又不好。

看看下面兩種對話方式：

上司：「喂，你最近的表現不太好啊！」

員工：「可是我已盡了最大努力了。」

上司：「努力？我怎麼看不出來你有在努力」。

員工：「我難道不是在工作嗎？」

上司：「你怎麼能用這種態度跟我說話？」

員工：「那你要我怎麼說呢？」

上司：「你太自以為是了，這就是你的問題所在！」

這樣對員工說話，很容易讓員工對你產生不滿，甚至產生敵意，不利於以後工作的開展和公司的團結。但是如果換一種說法方式，效果就會完全不同了。

上司：「喂，最近表現得不太出色啊，這可不像是你的作風。」

員工：「我已經盡了努力了……」

上司：「是不是有什麼心事？」

員工：「實際上……妻子住院了！」

上司：「是嗎！你怎麼不早說，家裡出了事理應當多照顧，要不就先請幾天假好好在家照顧一下妻子。」

員工：「好在已經沒有什麼大問題了。」

上司：「噢，那就好。如果有什麼困難儘管來找我。」

例子中的上司既委婉地提出了批評，又照顧到了下屬的心情，下屬自然非常愉快，也很感激。與下屬溝通時，作為領導者，最忌諱的就是不注意說話方式，倚仗自己的地位，肆意貶低下屬。這樣不僅解決不了任何問題，反而會使矛盾激化。要注意，千萬不可讓對方對你產生敵意。

具體方法，可以從以下幾點入手：

一、談話要客觀，不要過於急躁，也不要在談話之前就對對方懷有不滿和厭惡。

二、要站在員工的角度為員工著想，當員工與你的意見相反時，切忌用權力去打壓下屬。

三、要尊重員工，不能對其進行人身攻擊，或者使用尖酸刻薄的語言，不要傷害員工的感情。

四、與員工溝通要挑對時機，如果對方情緒過分激動，其是非的判斷力、意志的驅動力都會變得「模糊」，處於抑制狀態。此種狀況下，任何「強攻」都難奏效。不如暫停說服工作，告訴對方，好好休息，下次再慢慢談。停一停再談，這對扭轉認識，穩定情緒具有很大作用。

五、如果員工有錯，批評時也要適度、有分寸。

六、如果員工對你已經產生敵意，可以透過鼓勵、安慰等方式消除隔閡。

話術點睛

如果想要下屬支持、輔佐你，就一定要懂得利益分享的道理，目光不要太短淺，心胸不要太狹窄，千萬不能好處占盡，完全不顧及下屬個人利益，否則，是不會有人真心輔佐你的，到頭來成為「光杆司令」的你，自然也不可能在領導人的位置上久待下去。

PART 4

怎樣說，別人才能為你做事

01 提請求，先提小的再提大的

一個人如若看見別人需要，還等著別人的請求，顯而易見不是誠心的援助。
——但丁【義大利】

心理學中有一個「登門檻效應」，指一個人一旦先接受了他人一個微不足道的要求，為使自己的形象看起來不自相矛盾，在心理慣性的支配下，就有可能接受他人更高的要求，哪怕是原本不願接受的要求。

曾有社會心理學家做過一個經典而又有趣的實驗，他們派了兩個大學生去訪問加州郊區的家庭主婦。實驗過程是這樣的：

首先，其中一個大學生先登門拜訪了一組家庭主婦，請求她們幫一個小忙：在一個呼籲安全駕駛的請願書上簽名。這是一個社會公益事件，每年死在車輪底下的人不知道有多少！不就是簽個字嗎，太容易了。於是絕大部分家庭主婦都很合作地在請願書上簽了名，只有少數人以「我很忙」為藉口拒絕了這個要求。

接著，在兩週之後，另一個大學生再次挨家挨戶地去訪問那些家庭主婦。不過，這次他除了拜訪第一個大學生拜訪過的家庭主婦之外，另外還拜訪了另外一組家庭主婦。與上一次的任務不同，這個大學生訪問時還背著一個呼籲安全駕駛的大招牌，請求家庭主婦們在兩週內把它豎立在她們各自的院子草坪上。

可是，這是個又大又笨的招牌，與周圍的環境很不協調。按照一般的經驗，這個有點過分的要求很可能被這些家庭主婦拒絕。畢竟，這個大學生與她們素昧平生，要求她們幫這麼大的忙，真的有些難為她們。

實驗結果是：第二組家庭主婦中，只有十七%的人接受了該項要求。但是，第一組家庭主婦中，則有五十五%的人接受了這項要求，遠遠超過第二組。

對此，心理學家的解釋是，人們都希望給別人留下前後一致的好印象。為了保證這種印象的一致性，人們有時會做一些理智上難以解釋的事情。

在上面的實驗中，答應了第一個請求的家庭主婦表現出了樂於合作的特點。當她們面對第二個更大的請求時，為了保持自己在他人眼中樂於助人的形象，她們只能同意在自家院子裡豎起那塊粗重難看的招牌。

這個實驗告訴我們，一個人一旦接受了他人的一個小要求之後，如果他人在此基礎上再提出一個更高一點的要求，那麼，這個人就會傾向於接受更高的要求。這樣逐步提高要求，就可以有效地達到預期的目的。心理學家把這種對別人提出一個大要求之前，先提出一個別人很容易接受的小要求，進而使別人對進一步的較大的要求更容易接受的現象稱為「進門檻效應」。

為什麼會發生「登門檻效應」呢？

當你對別人提出一個貌似「微不足道」的要求時，對方往往很難拒絕，否則，似乎顯得「不近人情」。而一旦接受了這個要求，就彷彿跨進了一道心理上的門檻，很難有抽身後退的可能。因為當再次向他們提出一個更高的要求時，這個要求就和前一個要求有了順承關係，讓這些人容易順理成章地接受。在這種情況下，比起一上來就提出比較高的要求，更容易被人接受。

日常生活中有許多利用「登門檻效應」的例子。比如一個推銷員，當他可以敲開門跟顧客進行交談時，其實他已經取得了一個小小的成功。此時，如果他能夠說服顧客買一件小東西的話，那麼他再提出進一步的要求，就很可能被滿足。這是為什麼呢？因為那位顧客之前答應了一個要求，為了前後保持一致，他的確會有較大可能性接受進一步的要求。男士在追求自己心儀的女孩時，也並不是「一步到位」提出要與對方共度一生的，而是逐漸透過看電影、吃飯、遊玩等小要求來逐步達到目的。

有的孩子向媽媽要求，可不可以吃顆糖果？當媽媽答應他的時候，他可能會提出進一步的要求，那可不可以喝一小杯果汁呢？媽媽通常是會答應的。

這個心理效應給我們的啟示是，在人際交往中，當我們要提出一個比較大的要求時，可以不直接提出，因為這個時候很容易被拒絕。你可以先提出一個較小的要求，一旦對方答應，再提出那個較大的要求，就會有更多被接受的可能。

話術點睛

在人際交往中，當我們要請求別人幫忙或是做事的時候，你不妨運用「登門檻效應」，這樣做會給你帶來意想不到的收穫。

02 託人辦事時應該怎樣套近乎

天上最美是星星，人生最美是溫情。

——證嚴法師

託人辦事之前，首先要透過語言拉近和對方的距離，俗稱「套近乎」，也叫「名片效應」或「認同術」。「套近乎」是交際中與陌生人、尊長、上司等溝通情感的有效方式。

外交史上有一則軼事：一位日本議員去見埃及總統納賽爾，由於兩人的性格、經歷、生活情趣、政治抱負相距甚遠，總統對這位日本議員不大感興趣。日本議員為了不負使命，做好與埃及當局的關係，會見前進行了多方面的分析，最後決定以套近乎的方式打動納賽爾，達到會談的目的，下面是雙方的談話：

議員：閣下，尼羅河與納賽爾在我們日本是婦孺皆知的。我與其稱閣下為總統，不如稱您為上校吧，因為我也曾是軍人，和您一樣跟英國人打過仗。

納賽爾：唔……

議員：英國人罵您是「尼羅河的希特勒」，他們也罵我是「馬來西亞之虎」，我讀過閣下的《革命哲學》，曾把它跟希特勒《我的奮鬥》作比較，發現希特勒是實力至上的，而閣下則充滿幽默感。

納賽爾：（十分興奮）呵，我所寫的那本書，是革命之後三個月匆匆寫成的。你說得對，我除了實力之外，還注重人情味。

議員：對呀！我們軍人也需要人情。我在馬來西亞作戰時，一把短刀從不離身，目的不在殺人，而是保衛自己。阿拉伯人現在為獨立而戰，也正是為了防衛，如同我那時的短刀一樣。

納賽爾：（大喜）閣下說得真好，以後歡迎你每年來一次。

此時，日本議員順勢轉入正題，開始談兩國的關係與貿易，並愉快地合影留念。議員的套近乎策略產生了奇效。

在這段會談一開始，議員就把總統稱作上校，降了對方不少級別；挨過英國人的罵，按說也不是什麼光彩事，但對於軍人出身，崇尚武力，並獲得獨立戰爭勝利的納賽爾聽來，卻頗有榮耀感；沒有希特勒的實力與手腕，沒有幽默感與人情味，自己又何以能從上校到總統呢？

接下來，議員又以讀過他的《革命哲學》，稱讚他的實力與人情味，並進一步稱讚了阿拉伯戰爭的正義性。這不但準確地刺激了納賽爾的「興奮點」，而且百分之百地迎合了他的口味，使議員的話收到了預想的奇效。先運用尋找共同點的辦法使納賽爾從「不感興趣」到「十分興奮」而至「大喜」，可見議員套近乎的功夫不淺。

這位日本議員的成功，給我們一個重要啟示，就是不能打沒有準備的仗，有備而來，才能套近乎，並且套得扎實，套得牢靠。所以，套近乎是交際中與陌生人、尊長、上司等溝通情感的有效方式，而且要有備而來，言之有物。

話術點睛

套近乎就是要在交際雙方的經歷、志趣、追求、愛好等方面尋找共同點，誘發共同語言，為交際創造一個良好的氛圍，進而贏得對方的支援與合作。

03 死纏活纏，用毅力跟對方磨

人心都是肉長的。

——俗語

不管朋友之間距離有多大，只要你善於用行動證明你的誠意，就會促使對方去思索，進而理解你的苦心，從固執的框框中跳出來。

日本「推銷之神」——原一平，小時候是全村裡的「混世魔王」，人見人怕。由於聲名狼藉，二十三歲那年他便隻身一人來到東京開始創業。三十五歲時，他已經成為日本保險界赫赫有名的人物，闊別家鄉十幾年的他，終於高高興興地回家了。

原一平這次回家有兩個目的，一是想讓家鄉人知道當年的「混世魔王」已經改變了；二是想在自己家鄉開展保險工作。所以回到家鄉不久，他便大力宣傳保險知識。遺憾的是村民根本不相信當年的「混世魔王」，怕吃虧，誰也不願參加。原一平明白要想在村裡開展保險工作，必須得到村長的幫忙。

村長是當年和原一平一起玩的朋友，但是當時的原一平經常欺負他，所以想要獲得村長的幫助，恐怕會很不容易。不過，原一平沒有放棄，找了時間帶著禮物來到村長家，村長一看是當年的「混世魔王」回來了，不禁想起他以前在村裡做的壞事，吃了一驚。當原一平提及讓村長幫忙動員村民一起學習、參加保險的時候，村長一口回絕了。第二天，原一平又帶著禮物來了，村長好像有點不好意思，但是依然是拒絕。第三天，原一平又來了。不過這次村長的家人告訴他說，村長到幾十里外的鄰縣親戚家幫忙蓋房子去了。原一平得知這個消息後，明白村長是故意不見他的。於是，他騎車按照村長家人說的地點追了過去，車子一放，袖子一挽就開始幫忙蓋房子，事情做完還跟村長繼續「磨」。

為了找一個長談的時機，原一平乾脆天還沒亮就起床，冒著雨趕到村裡，在村長家門外一站就是兩個鐘頭，村長起床開門愣住了，見原一平像隻落湯雞，只好答應了他的請求。村長這個堡壘一攻破，這個村參加保險工作的局面就打開了。

這種纏著對方不放的求人辦事方法並不是人人都能做得好的，只有控制好自己，才能充分發揮其作用，而且還必須掌握以下幾點：

第一，要有足夠多的耐心等待

當求人辦事的過程中出現僵局時，人通常會煩躁、失意、惱火，甚至發怒。然而，這無助於事情的解決。你應理智地控制自己，採取忍耐態度，等待對方的理解，有了這種心境，你就能在精神上使自己處於有力的地位。能夠方寸不亂，調動自己全部的聰明才智，想方設法打破僵局。

第二，要抓住時機辦事

「磨」可不是消極地耗時間，也不是和人家耍無賴，而是善待時機，採取積極的行動影響對方、感化對方，促進事態向好的方面轉化。只要你能夠用行動表現出你的誠意，就會促使對方從固執的框子裡跳出來，進而理解你，那時你就有希望了。

很多時候，人們認為纏著對方不放是一件很為難的事情。但事情不辦是不行的，對方有意推託、拒絕，那我們只能靠纏著對方來達到目的。所以臉皮厚、有耐心也是求人辦事的基本功。

話術點睛

不戰而退的求人，一定失敗；且戰且退雖離目標較近，但無法達到目標；唯有實行疲勞轟炸，把對方轟得筋疲力盡，要想前進寸步，都要費去許多力氣，才能消磨其進攻的勇氣和持久的毅力。

等到對方覺得越攻越難時，他就會自然而然地產生想放棄與你爭論的想法，這時你便可提醒對方，你只能做到這種讓步了，使對方自己知道前進無望，這個結果他已收穫不少，他就會束手就擒不再堅持了。

04 先數落自己一番，以此感動對方

自謙則人愈服，自誇則人必疑。

——申涵光【明】

人們往往喜歡儘量表現得比別人強，或者努力證明自己是有特殊才幹的人。一個真正有能力的領袖是不會自吹自擂的，所謂「自謙則人愈服，自誇則人必疑」就是這個道理。

美國著名政治家帕金斯三十歲那年就任芝加哥大學校長，有人懷疑他那麼年輕是否能勝任大學校長的職位，他知道後只說了一句：「一個三十歲的人所知道的是那麼少，需要依賴他的助手兼代理校長的地方是那麼的多。」就這短短的一句話，使那些原來懷疑他的人一下子就放心了。

求人辦事，感動別人來幫助你，再好不過了。但要感動別人，就得從他們的需要入手。你必須明白，要一個人幫你做事情，唯一有效的方法就是讓他自己情願。同時，還必須記住，人的需要是各不相同的，各人有各人的癖好偏愛。只要你認真探索對方的真正意向，特別是與你計劃有關的，你就可以依照他的偏好應對他。

首先你應讓自己的計劃適應別人的需要，這樣計劃才有實現的可能。比如說服別人幫你最基本的要點之一，就是巧妙地誘導對方的心理或感情使對方就範。如果你特別強調自己的優點，企圖使自己占上風，那對方反而會加強防範。所以，應該先點破自己的缺點或錯誤，讓對方產生優越感。

此外，有些被求者因為幫助了你，有恩於你，心理上會不自覺地產生一種優越感，說不定還會對你數落一番。當你認為自己可能被人指責時，不妨先數落自己一番，當對方發覺你已自己承認錯誤時，便不好意思再指責你了。

話術點睛

在辦事過程中，你努力做到先在心理上滿足對方心理，並用誠意將其打動，那麼，對方還有什麼理由不為你辦事呢？

05 用適當的話語引起對方的心理共鳴

聲音能引起心靈的共鳴。

——威廉·柯珀【英國】

人與人之間，本來有許多地方是相同的，但是要使彼此真正產生共鳴，需要一定的說話技巧。在你對一個人有所求的時候，這樣的論點也同樣適用。最好先避開對方的忌諱，從對方感興趣的話題談起，不要太早暴露自己的意圖，讓對方一步步地贊同你的想法，當對方跟著你走完一段路程時，便會不自覺地認同你的觀點。

伽利略年輕時就立下雄心壯志，要在科學研究方面有所成就，他希望得到父親的支援和幫助。

一天，他對父親說：「父親，我想問您一件事，是什麼促成了您跟母親的婚事？」

「我看上她了。」父親答道。

伽利略又問：「那您有沒有娶過別的女人？」

「沒有，孩子。家裡的人要我娶一位富有的女士，可是我只鍾情於你的母親，她從前可是一位風姿綽約的女子。」

伽利略說：「您說得一點也沒錯，她現在依然風韻猶存。您不曾娶過別的女人，因為您愛的是她。您知道，我現在也面臨著同樣的處境。除了科學以外，我不可能選擇別的職業，因為我喜愛的正是科學。別的對我而言毫無用途，也毫無吸引力！難道要我去追求財富、追求榮譽？科學是我唯一的需要，我對它的愛有如對一位美貌女子的傾慕。」

父親說：「像傾慕女子那樣？你怎麼會這樣說呢？」

伽利略說：「一點也沒錯，親愛的父親，我已經十八歲了。別的學生，哪怕是最窮的學生，都已想到自己的婚事，可是我從沒想過那方面的事。我不曾與人相愛，我想今後也不會。別的人都想尋求一位標緻的女子作為終身伴侶，而我只願與科學為伴。」

父親似乎有所感悟，但始終沒有說話，仔細地聽著。

伽利略繼續說：「親愛的父親，您有才幹但沒有力量，而我卻能兼而有之。為什麼您不能幫助我實現自己的願望呢？我一定會成為一位傑出的學者，獲得教授身分。我能夠以此為生，而且比別人生活得更好。」

說到這，父親為難地說：「可是，我沒有錢供你上學。」

「父親，您聽我說，很多窮學生都可以領取獎學金，這錢是公爵宮廷給的。我為什麼不能去領一份獎學金呢？您在佛羅倫斯有那麼多朋友，您和他們的交情都不錯，他們一定會盡力幫忙的。他們只需去問一問公爵的老師奧斯蒂羅·利希就行了，他瞭解我，知道我的能力……」

父親被說動了：「嗯，你說得有理，這是個好主意。」

伽利略抓住父親的手，激動地說：「我求求您，父親，求您想個法子，盡力而為。我向您表示感激之情的唯一方式，就是……就是保證我會成為一個偉大的科學家……」

伽利略最終說動了父親，他實現了自己的理想，成為了一位西方歷史上著名的科學家。這裡，伽利略採用的就是「心理共鳴」的說服方法。為了使對方容易接受，最後還可以指出對方這樣做的好處。伽利略正是這樣做的，他的話使他終於達到了自己的目的，為最終實現自己的理想奠定了基礎。

人其實都是一樣的，只是表現方式各異。你要找到你與所求之人之間的共同點，得到對方心靈的回應，就獲得了求人成功的鑰匙。

至於具體如何實現與對方心理共鳴，通常可以透過三個途徑。一是，避開對方的忌諱，從對方的興趣談起，不要太早暴露自己的意圖；二是讓對方一步步地贊同你的想法；三是當對方跟著你走完一段路程時，就會自然而然地認同你的觀點。

話術點睛

心理共鳴說服法的四個階段

⇩

導入階段。先顧左右而言他，以對方當時的心情來體會現在的心情。伽利略先請父親回憶和母親戀愛時的情形，引起了父親的興趣。

⇩

轉接階段。逐漸轉移話題，引入正題。伽利略巧妙地透過這句話把話題轉到自己身上「我現在也面臨著同樣的處境。」

⇩

正題階段。提出自己的建議和想法。伽利略提出「我只願與科學為伴」這正是他要說服父親的主題。

⇩

結束階段。明確提出要求。

06 借用謊言激對方，讓其來不及考慮就答應

請將不如激將。
——俗語

俗話說：「請將不如激將。」為了讓對方動搖或改變原來的立場和態度，利用一些略帶貶損意義的、不太公正的話給對方罩上一頂「帽子」，而對方一旦被罩上這頂帽子，就會激起一種極力維護自我良好形象的欲望，進而用語言或行動表明自己不是這樣，自動地去改變原來的立場和態度。

我們先來看一個歷史故事。

唐天祐年間，叛臣朱全忠用計誘騙五路兵馬反叛駐守太原的唐晉王李克。叛軍中有一員猛將高思繼異常勇猛，善用飛刀，百步取人首級，後來被李存孝生擒。李存孝本想留他在帳前聽用，可是高思繼卻執意要回山東老家過田園生活，以此改惡從善。

後來，李存孝被奸臣康立君、李存倍所害。朱全忠聞李存孝已死，又發兵來犯，其帳前王彥章不僅勇猛蓋世，且智謀過人。晉王將士皆啞然相對，無人請戰。晉王見狀，痛哭一場，還是長子李嗣源說道：「昔日降將高思繼閒居山東鄆州，何不請他迎敵？」晉王聞言大喜，遂命李嗣源前往山東求將。

李嗣源來到山東鄆州，直奔高家莊尋高思繼。提起前事，高思繼說道：「自勇南公存孝擒我，饒了性命，回到老家，『苦身三頃地』，與世無爭，今已數年，早把兵家爭戰之事置之身外。今日相見，別談這些。」

李嗣源見高思繼已無出山之意，於是在心裡暗暗琢磨良策。自古道：文官言之，武將激之。對高將軍好言相求，難以奏效，必須巧用激將之法，激其就範。於是，李嗣源編出一通謊言，說道：「天下王位，各鎮諸侯，皆聞將軍之名，如雷貫耳，稱羨不已。我與王彥章交兵敗下陣來，我對王彥章說：『今日趕我，不足為奇，你如是好漢，且暫時停戰。我知道山東渾鐵槍白馬高思繼，蓋世英雄，有萬夫莫當之勇，待我請來，與你對敵。』王彥章見我陣前誇耀將軍，憤然大叫，『就此停戰，待你去請他來，不來便罷，若到我這寶雞山來，看我不把他剁成肉醬！』」

高思繼本是勇武之人，生性直爽豪放，經此一說，不禁激得心頭火起，口中生煙，大叫家丁：「快備白龍馬來，待我去生擒此賊！」遂披掛上馬，辭家出山，向寶雞山飛馳而去。

高思繼和李嗣源快馬加鞭，日夜兼程，趕到唐營，不但唐晉王喜出望外，三軍將士亦是異常振奮。第二天，王彥章又來挑戰，唐晉王引高思繼出馬迎戰，高思繼與王彥章廝殺起來，連鬥三百回合，難分勝負，直戰到天黑。雙方見天色已晚，才鳴金收兵。這次戰個平手，但卻是唐軍出師以來的第一次，軍威大振，信心大增，個個摩拳擦掌，準備來日再戰。

高思繼本來已經看破沙場紅塵，決心棄武從耕，安度田園生活。李家雖對他有再生之恩，但正面動員其出山，他卻以「與世無爭」相拒。然而，當李嗣源借用謊言激他時，他卻毅然披掛上馬，重返戰場，一鬥就是三百回合。可見，激將勵志確是遊說的一個重要手段。

求人時，尤其是求熟人的時候，就得摸透對方的心理，不妨採用一下激將法，他就會動用他的所有關係，盡力幫你把事辦好，以顯示其能力。需要注意的是，使用此法時，要誘導對方自己說出自己意願，這樣你才能有的放矢，確定激將的角度。

話術點睛

使用激將法往往能夠使對方感情衝動，而去做一些他在平常情況下——比如請求他或同他商量——可能不會去做的事；激將者還可以激起對手的憤怒感、羞恥感、自尊感、嫉妒感或羨慕感等等，這樣，被求者在激動之中來不及考慮太多就答應下來。

07 點出對方的把柄，令他不得不聽你的話

誰戰戰兢兢地提出請求，誰就一定遭到拒絕。

——塞內加【古羅馬】

在中國歷史上，有這樣一個發人深省的故事：

漢代的朱博本是武將出生，後來調任左馮翊地方文官。他利用一些巧妙的手段，制服了地方上的惡勢力，被人們傳為美談。

在長陵一帶，有個大戶人家出身的人名叫尚方禁，他年輕時曾強姦別人家的妻子，所以被人用刀砍傷了面頰。如此惡棍，本應重重懲治，只因他大大地賄賂了官府的功

曹，不但沒有被革職查辦，反倒被調升為守尉。

朱博上任後，有人向他告發了此事。朱博覺得真是豈有此理！就召見了尚方禁。尚方禁心中七上八下，硬著頭皮來見朱博。朱博仔細看尚方禁的臉，果然發現有疤痕，就讓侍從退開，假裝十分關心地詢問究竟。

尚方禁做賊心虛，知道朱博已經瞭解了他的情況，像小雞啄米似的接連給朱博叩頭，如實地講了事情的經過，請求朱博的原諒。他頭也不敢抬，只是一個勁地哀求道：「請大人恕罪，小人今後再也不敢做那種傷天害理的事了。」

「哈哈哈……」朱博突然大笑道，「男子漢大丈夫，本是難免會發生這種事情的。本官想為你雪恥，給你個立功的機會，你會效力嗎？」

於是，朱博命令尚方禁不得向任何人洩漏這次的談話內容，要他有機會就記錄其他官員的一些言論，即時向朱博報告。尚方禁儼然成了朱博的耳目。

自從被朱博寬釋並重用之後，尚方禁對朱博的大恩大德銘記在心，做起事來特別賣命，不久，就破獲了許多起盜竊、強姦等犯罪案，使地方治安情況大為改觀。朱博於是提升他為連守縣縣令。

又過了相當一段時期，朱博突然召見那個當年收受尚方禁賄賂的功曹，對他進行了嚴厲的訓斥，並拿出紙和筆，要那位功曹把自己受賄的事全部寫下來，不能有絲毫隱瞞。那功曹早已嚇得像篩糠一般，只好提起筆寫下自己的斑斑劣跡。

由於朱博早已從尚方禁那裡知道了這位功曹貪污受賄的事，看了功曹寫的交代資料，覺得大致不差，就對他說：「你先回去好好反省反省，聽候裁決。從今以後，一定要改過自新，不許再胡作非為！」說完就拔出刀來。

那功曹一見朱博拔刀，嚇得兩腿一軟，又是打躬又是作揖，嘴裡不住地喊：「大人饒命！大人饒命！」只見朱博將刀晃了一下，一把抓起那位功曹寫下的罪狀資料，將其撕成紙屑扔了。自此後，那位功曹終日如履薄冰、戰戰兢兢，工作起來盡心盡責，不敢再有絲毫懈怠。

許多老謀深算的人都知道，抓刀要抓刀柄，制人要拿把柄。在對手身上找到其把柄，就能讓他為我所用，十分奏效。至於把柄的具體內容，既可以是他人的隱私，如緋聞、受賄、罪行等，也可以是隨機出現的漏洞，如辯論或談判中的口誤等。

很多時候，排斥對手對事情沒有一點幫助，弄得不好還會兩敗俱傷，相反，如果你抱著欣賞對手的心態，放下仇視的目光，則可能贏得人心。人與人之間肯用真心交流，就會增進瞭解，消除隔閡，使他人變成你的朋友，拿對手當成動力，不是更有利於你的成功嗎？

話術點睛

點出對方的把柄，以此讓對方相助有一定的要脅之意。所以，我們在運用這個方法是不得不慎重，否則，很容易辦不成事還得罪人。

08 向別人借東西時應該怎麼說

唯有恰如其分的感情才最容易為人們所接受，所珍惜。

——蒙田【法國】

我們向別人借東西能否成功，不僅僅取決於和對方的關係如何，還與我們的語言表達恰當與否有很大的關係。因此，我們在向別人借東西時，也要注意說話的分寸。

首先，向別人借東西時要用商量懇求的語氣。因為有求於人，所以語氣應柔和、誠懇，即使是親友、熟人也不能口氣太硬。如果你的孩子患病住院了，你手頭又缺錢，只能向別人借，這時你可以說：「不知您手頭寬裕嗎？下月領錢我就還您。」用這種商量的口氣，只要人家手裡有錢，是不會不幫忙的。

但有些人則不注意這一點，向人借錢時說：「誰不知道你最有錢了，先拿一些出來借我吧。」諸如此類的話，在平日裡與熟人打趣說說還不要緊，但在真正開口借東西時，就不可這樣說。所以借東西時說話一定要用商量的語氣，讓對方感到你有求於他而且尊重他，他才可能會幫你。

其次，語言要因關係而異。關係好的不妨隨便一些，知心朋友更應當直截了當，以免讓對方感到「生分」。若是一般朋友，關係平常，不妨來個「曲線求借」，先試探一下，然後根據對方情況隨機應變。比如借錢吧，老朋友之間就可以這樣表達自己的意圖：「喂，我這兩天手頭緊，能不能借點錢用用！」若是一般朋友，你不妨這樣說：「唉，這幾天花錢真多，買這個又買那個的，離領薪水還有十天，這日子過得真緊！」若朋友能悟出你的意思，主動提出幫助你，那你再說借錢數字；若對方也跟你一樣，大談錢如何如何不夠用之類的話，那就請你免開尊口，因為，對方的意思很明顯：他不想借或真的借不出。

再次，說話要誠實守信，且向對方說明歸還時間。向別人借東西要說實話，除非是自己隱祕的事不能對人說。但不能為借得容易而編理由，編假話騙人。尤其對歸還日期要守諾，比如你借錢時明明近日還不了，為了讓人家樂意借，就說：「過幾天就還。」或說：「明天就還。」結果不能如期歸還，人家就會把你看成不守信用的人，下次再借可就難了。

另外，借別人東西時很重要的一點，就是一定要說明歸還時間，而且要準時歸還給人家。比如，你與同事一起去商店，看見了一件衣服，你想買下來，剛巧手裡錢不夠，你就可以這樣說：「你先借我五百元吧，等回去我就還你。」說明了歸還時間，使人家感到借出去的錢有了保障，才會放心地借給你。

最後，需要注意的是，當你借不到東西時，千萬不要說氣話。

向人家借東西，總有不能如願的時候，不能因為人家不借給你，你就說出不禮貌的話。比如你向人借錢，人家說：「對不起，我昨天剛存入銀行。」你就不要說出：「怎麼這麼巧，偏偏我來借時你就存了銀行。」結果大傷和氣。你在借錢不成時，如能對人家說：「我知道你手頭不寬綽，我再到別人家看看。」這話讓人覺得你能體諒人。

話術點睛

跟別人借東西時可以運用誇張、比擬等多種手法，把請求用詼諧風趣的話語或動作表達出來，既不破壞對方的心情與興致，又容易使對方愉快地予以接納。

09 適時吹捧，激發對方幫你的同情心

一滴甜蜜糖比一斤苦汁能夠引來更多的蒼蠅。

——林肯【美國】

幾乎任何人都愛好虛榮，其特點往往是在他們覺得做沒有多大把握的事情時，極樂意看到自己在這些沒把握的事情上表現不凡，獲得別人的稱讚。當你對他們這些沒把握的事情中的任何一樁加以頌揚時，都會發生你所期望的功效。

林肯自己曾說：「一滴甜蜜糖比一斤苦汁能夠引來更多的蒼蠅。」人不分男女，無論貴賤，都喜歡聽合其心意的讚譽。同時，這種讚譽，能給他們加倍的能力、成就和自

信的感覺。這的確是感化人的有效方法。然而，頌揚不當，恰似「明珠暗投」，有時甚至會激起疑惑，甚至反感，這便是懂得頌揚卻沒有掌握頌揚的訣竅。要使頌揚能夠奏效，只要我們心中掌握各人性情的不同之處，便能區別對待，有的放矢，進而達到目的把事情辦好。

讚美是一種博取好感和維繫好感最有效的方法。它也是促進人繼續努力賣命的最強烈興奮劑，這是由人性本能所決定的。因此，在求人辦事時可以適時地讚美別人，讓事情變得更容易。

要想在辦事時求人順利，首先就要澄清自我的主觀意識，養成隨時都能讚美別人的習慣，這樣會比較容易達到目的。比如你說：「這件事一定得請你幫忙。」就不如說：「你一向樂於助人，這件事我想你一定會幫忙我的。」前者只是一般的請求；而後者在請求之中，還帶有一種讚美之情和充分的信賴感。在一般情況下，人家也就不好拒絕請求了。

話術點睛

求人辦事時，就得找一個合適的話題，怎樣才能做到這一點呢？最好的方法就是能找到對方的愛好，投其所好說話。

找準時機，適當的吹捧能夠給辦事人帶來更好的心情，辦事自然也就容易成功；反之，招來對方的厭惡，只給自己要辦的事帶來很多麻煩。

10 有意無意向對方透露自己有後台

未得之前是請求，既得之後是命令。

——莎士比亞【英國】

幫一個小人物，大部分人是不願意的；但是幫一個有「後台」的人，多數人卻都會樂意去做。

安邑的御史死了，他的副手想得到這個職位，又唯恐不能如願。輸地（安邑的地名）有個人便去替他周旋，這個人對安邑令說：「我們聽說公孫綦託人向魏王請求御史的職位，可是魏王說，那裡不是有個副手嗎？我難以改變他們的規定。」安邑令立即讓副職升任御史。

這則小故事中，輸地之人是借魏王來拔高安邑御史的副手，使安邑令「不看僧面看佛面」，讓副手升任御史。

這種借助他人的聲威來提高自己地位的方式，在歷史上並不少見。蘇代替燕國遊說齊國，在沒見到齊威王之前，先對淳於髡說道：「有個賣駿馬的人，接連三天早晨站在市場上，而無人問津。他就去見伯樂說：『我有匹駿馬想賣掉，但接連三天早晨站在市場上，沒有哪個跟我說一句話，希望先生能繞著馬細看一下，離開時回頭再瞅一眼，請允許我獻給您一天的費用。』伯樂答應了，於是第二天伯樂繞著馬仔細看，離開時又回頭看了一眼，結果這一天馬價竟漲了十倍。現在我想把『駿馬』送給齊王看，可是沒有替我前後周旋的人，先生有意做我的伯樂嗎？請讓我獻上兩千四百金，用這些作為薦舉的酬金。」淳於髡愉快地答應了蘇代的請求，入宮勸說齊王，齊王高高興興地接見了蘇代。

求人辦事時，難免會遇到種種事先不可能瞭解的情況：所求之人為人如何？喜歡什麼？討厭什麼？而那位被求之人也不免懷疑：「這個人究竟怎樣？才能如何？是否誠實可靠？」這時，如果有位中間人互通情報，溝通消息，那麼雙方的障礙就很容易消除。而如果有一位被信賴或尊敬的人，能夠替你在他面前美言力薦，那麼事情就成功一半了。

求人時最好提及一個有威望的「大人物」，因為與「大人物」之間的微妙關係，被求之人會因此高看你，也會礙於這有威懾力的「協力廠商」而滿足你。

話術點睛

有的人認為向別人提要求是比較困難的，提不好非但自己難以如願，還有可能引起對方的不滿與誤會。其實，只要覺得是合理的要求，就應該大膽地提。

當然，要把握住說話的分寸，靈活運用各種技巧。比如，以後台適當壓制對方，讓其沒辦法拒絕。

11 告訴對方「你很重要」，讓其全力以赴幫忙

感情無論在什麼東西上面都能留下痕跡，並且能穿越空間。
——巴爾扎克【法國】

許多事業上卓有成就的人成功的原因，是他懂得馭人之術。而其中最重要的一點，也即最有效的一點就是：「讓別人感到自己很重要。」因為每個人都想獲得來自他人的尊重，得到別人的重視。那麼，你就不妨滿足他這個需要。

羅斯福是一位懂得讓別人感到自己很重要的人。只要是去拜訪過羅斯福的人，無不為他那博大精深的學識所折服。不管對方從事多麼重要或卑微的工作，也不管對方有著

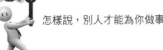

什麼樣顯赫或低下的地位，羅斯福和他們的談話總能進行得非常順利。

也許你會感到十分的疑惑，但其實不難回答，就是每當他要接見某人時，他都會利用前一天晚上的時間仔細研讀對方的個人資料，以充分瞭解對方的興趣所在，進而讓對方感覺到自己被重視了，這樣精心準備怎能不使會面皆大歡喜呢！

貴為總統尚且如此，我們一般人為何不肯承認別人的重要？所以，要使他人真心地尊敬和喜歡你，非常樂意為你做事，原則上是要拿對方感興趣的事當話題，讓他感覺到自己的重要。在滿足別人的重要感之後，很多事情都會迎刃而解了。

據一些權威人士表示，甚至有人會借著發瘋來從他們的夢幻世界中尋求自我滿足。一家規模不小的精神病院的醫生說：「有不少人進入精神病院，是為了尋求他們在正常生活中無法獲得的受重視感覺。」人們為求受重視，連發瘋都在所不惜，試想如果我們肯多給對方一分尊重、一句讚美，它的影響該有多大？

那麼，在什麼時候才能讓對方感受到他的重要？答案是：隨時隨地都可以。

譬如，你在飯店點的是魚香肉絲，可是，服務員端來的卻是回鍋肉，你就說：「太麻煩您了，我點的是魚香肉絲。」她一定會這麼回答：「不，不麻煩。」而且會愉快地把你點的菜端來，因為你表現出了對她的尊敬和重視。

一些客氣的話實際上就表達了你對別人的重視，「謝謝你」，「請問」，「麻煩你」，諸如此類的細微，可以很容易就讓對方感到他被尊重、被重視。

很多人，尤其是身居上位者，極易產生一種高高在上之感，極易用一種俯視的心態去面對他人，彷彿他們只是自己實踐理想的「棋子」，而忽略了其身為人對於自身肯定的需求。用真誠的心去肯定別人，就會拉近心與心的距離，形成一個良好的人際關係。

在通常情況下，人們內心所想的東西，即使不用嘴說出來，不用筆寫出來，也會被對方覺察體會出來。假如你對對方有厭惡之情，儘管你沒有說出來，但是由於你這種心理的支配，你多少會露出一些「蛛絲馬跡」，被對方捕捉住，或被對方體察出來，不久，他對你也會產生壞印象的。

這跟照鏡子是一樣的道理，你對它皺眉頭它也對你皺眉頭，你對它露出笑臉，它也還你一張同樣的笑臉。同樣的，如果我們懷著一顆真誠的心去肯定對方，對方也會同樣從內心感激你，用心回報你，直到將你所交代的事情做到完美為止。

正如美國著名企業家傑克・韋爾奇所說：「天下最易使人頹喪不振、衝勁全失的就是來自上級主管的批評、責罵。」拋開那些傷人的話語，隨之以各式各樣的方式告訴他：「你很重要」，受到肯定的人自然會在尊重與肯定下以誠相待、全力以赴幫忙。

話術點睛

每個人都是有感情的，向別人提出要求時，以情說服往往能取得好的結果。讓別人感受到自己的重要性，就有更大的可能獲得別人心甘情願的全力幫助。

PART 5

怎樣說，才能與上司拉近距離

01 尷尬時刻替上司打圓場

面子是別人給的，臉是自己丟的。

——俗語

適時替上司打圓場，讓他得到心理上的安慰，會令他把你看作知心人。

慈禧太后愛看京戲，常賞賜藝人一點東西。一次，她看完著名演員楊小樓的戲後，把他召到眼前，指著滿桌子的糕點說：「這一些賜給你，帶回去吧！」

楊小樓叩頭謝恩，他不想要糕點，便壯著膽子說：「叩謝老佛爺，這些尊貴之物，小民不敢領，請……另外恩賜點……」

「要什麼？」慈禧心情不錯，並未發怒。

楊小樓又叩頭說：「老佛爺洪福齊天，不知可否賜個『字』給奴才。」

慈禧聽了，一時高興，便要太監捧來筆墨紙硯。

慈禧舉筆一揮，就寫了一個「福」字。

站在一旁的小王爺，看了慈禧寫的字，悄悄地說：「福字是『示』字旁，不是『衣』字旁的呢！」楊小樓一看，這字寫錯了，若拿回去必遭人議論，豈非有欺君之罪？不拿回去也不好，慈禧太后一怒就要自己的命。要也不是，不要也不是，他急得直冒冷汗。

氣氛一下子緊張起來，慈禧太后也覺得不好意思，既不想讓楊小樓拿去錯字，又不好意思再要過來。

旁邊的李蓮英腦子一動，笑呵呵地說：「老佛爺之福，比世上任何人都要多出一『點』呀！」楊小樓一聽，腦筋轉過彎來，連忙叩首道：「老佛爺福多，這萬人之上之福，奴才怎麼敢領呢！」慈禧太后正為下不了台而發愁，聽這麼一說，急忙順水推舟，笑著說：「好吧，隔天再賜你吧。」就這樣，李蓮英為二人解脫了窘境。

當了上司的人，一般都比普通人更注重面子，尤其是下屬在場的時候。如果在公眾場合碰到了尷尬，是十分令人沮喪的事情。這時作為下屬就應當站出來，替他打個圓場來緩和這種尷尬，讓自己在上司心中有更好的印象。

某公司部門田經理因為辦事不力，受到公司總經理的指責，總經理扣發了他們部門所有員工的獎金。因為這件事，大家很不滿，認為田經理辦事不當，造成的責任卻由大家來承擔，所以一時間怨氣沖天。

田某也身處困境難以自拔，田經理的祕書芸芸心裡也頗不好受。這時，她站出來對大家說：「其實田經理在受到批評的時候還在為大家據理力爭，要求總經理只處分他自己而不要扣大家的獎金。」聽到這些，大家對田經理的氣消了一半，但還是有些憤憤不平。

芸芸接著說：「田經理從總經理那裡回來後很難過，表示下個月一定要想辦法補回獎金，把大家的損失用別的方法補回來。其實這次失誤除田經理的責任外，我們也有責任。請大家體諒田經理的難處，齊心協力，把公司業務做好。」

芸芸的調解工作獲得了很大的成功。按說這並不是祕書的分內之事，而芸芸的做法使田經理如釋重負，心情豁然開朗。接著田經理推出了一系列方案，激發了大家的工作熱情，很快讓大家的不良情緒得到了化解。芸芸在這個過程中的作用是不可小視的，田經理當然會對她另眼相看。

上司喜歡的是能為自己排憂解難、出謀劃策的人，不是見事就躲、不替他打圓場，甚至把尷尬境地硬推給他的人。

某飲食公司因產品品質問題，引起社會公眾的投訴。電視台記者到該飲食公司採訪時，最先碰到經理助理。他怕承擔責任，就對記者說：「我們經理正在辦公室，你們有什麼事直接去問他吧！」這下可好，記者闖進經理辦公室，經理想躲也躲不開了，又毫無心理準備，只好硬著頭皮接受了採訪。事後，經理得知助理不僅未提前為自己報信，還把責任推給自己，很生氣，很快就把他炒魷魚了。

這個教訓值得我們深思：記者因產品品質問題採訪，這本身就不是件光彩的事。此時，上司最需要下屬挺身而出，甘當馬前卒，替自己演好這場「雙簧」戲。下屬除了應該實事求是地講明問題的原因外，還應該維護上司的面子，替他分憂，而不該把事情全推到上司一人身上了事。事情做好了，上司心裡有數，但不一定有什麼明確的表揚；如果下屬粗心或不看情況而把上司弄得很尷尬，那上司肯定會在事後發火。

上司平時習慣了前呼後擁、一貫正確，真要碰上什麼尷尬場面，那丟臉的感覺只會比常人更強烈而不會更麻木。作為下屬，在這個時候替上司打個圓場，是分內之事，也會讓上司更加喜歡你。而如果推的一乾二淨，讓上司獨自承擔這種尷尬，以後可就有苦頭吃了。一念之間差別如此之大，還用說更多道理嗎？

話術點睛

如果你知道上司不為人知的過去，最好當做不知道，有時候知道的事情太多並不是件好事，尤其是上司的隱私千萬不能透露出去，否則就要大禍臨頭了。如果能夠及時替上司掩飾其「痛處」或「缺處」，則有可能被對方引為知己，得到意想不到的收穫。

02 眾人面前不可以反駁上司

理性和判斷力是作為一個領導者的基本素質。

——泰西塔斯【古羅馬】

「人活臉，樹活皮」，作為上司更是如此。當上司的都常把面子看得非常重要，因此做下屬的應當處處想到給他留臉面，尤其是在眾人面前，不僅不能駁上司的臉面，還應處處維護他人臉面。

小甄今年剛大學畢業，進了政府機關，當了一名職員。這天，主任拿著一份檔案，要她傳真到宣傳部，小甄照辦了。誰知第二天，主任怒氣衝衝地走進了小甄的辦公室，當著眾多同事的面，大聲斥責小甄：

「妳怎麼做事的？要妳發一份傳真到組織部，妳卻給我發到了宣傳部！」

小甄一下子傻了，她回憶了一下，確定主任昨天對她交代的確實是宣傳部而非組織部，她想主任一定是在情急之中記錯了。可是看著主任憤怒的臉，小甄二話不說，主動承擔了責任：「對不起，實在很抱歉！都怪我辦事毛躁，本想抓緊時間辦好，沒想到鬧了個大錯。我一定會記取教訓的，保證不會有第二次了！」說完，她趕緊又給組織部發了份傳真。

又過了一天，小甄被叫到了主任的辦公室，主任真誠地向她道了歉，說自己那天因為著急，錯怪了小甄，並誇獎小甄小小年紀就懂得忍辱負重。自此，小甄在主任心目中的地位大大提升了。

上司也是凡人，也有犯錯的時候，尤其在工作中，極有可能因為混亂和著急而錯怪了你。這時，你千萬記住：一定不要當著眾人的面反駁上司，因為上司需要維護一定的威信和顏面，即使他錯怪了你，你也不能當眾讓他下不了台。你應該暫時先把責任承擔下來，等上司清醒過來後發現自己錯怪了你時，自然會為你當初的忍辱負重而感動。

話術點睛

面對上級的批評，雖然不管他說的對不對，都要虛心而誠懇地聽取，但也應該選擇適當時機為自己做出積極的辯護。

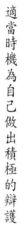

03 嘴上要突顯上司的身分

真正的謙虛只能是對虛榮心進行了深思以後的產物。

——柏格森【法國】

上司就是上司，平時說話應該注意突出他的身分。既然你的角色是為人職責，那麼就該擺正自己的位置，在自己的職位上為公司出力，而且還要做到不「越位」。

「越位」的表現有多種：

第一，決策的越位。在有的企業中，職員可以參與決策，這時就應該注意，誰作什麼樣的決策，是要有限制的。有些決策職員可以參與意見，有些決策，職員還是不插言為妙。

第二，表態的越位。表態，是表明人們對某件事的基本態度。表態要跟一定的身分密切相關。超越了自己的身分，胡亂地表態，是不負責任的表現，也是無效的。對帶有實質性問題的表態，應該由上司或上司授權才行。而有的人作為下屬，卻沒有做到這一點。上級沒有表態也沒有授權，他卻搶先表明態度，造成喧賓奪主之勢，陷上司於被動。

第三，工作上的越位。哪些工作由你做，哪些工作由他做，這裡面有時確有幾分奧妙。有的人不明白這一點，有些工作，本來由上司做更合適，他卻搶先去做，進而造成工作越位。

第四，答覆問題的越位。這與表態的越位有些相同之處。有些問題的答覆，往往需要有相應的權威，作為職員、下屬，明明沒有這種權威，卻要搶先答覆，會給上司造成工作的干擾，也是不明智之舉。

第五，某些場合的越位。有一些場合，如與客人應酬、參加宴會，也應當適當突出上司。有的人作為下屬，張羅得過於積極，比如跟客人如果認識，便搶先上前打招呼，不管上司在不在場。這樣張顯自己太多，顯示上司不夠，十分不好。

在工作中，「越位」對上下級關係有很大影響。下屬的熱情過高，表現過於積極，會導致上司偏離帥位，大權旁落，無法實施他的職責。因此，上司往往把這視為對自己權力的嚴重侵犯。下屬如果經常這樣，他會視之為「危險角色」，不得不警惕你，甚至來制約你，這時，即使你有意跟上司配合，他也不願與你配合了。

阿明年輕幹練、活潑開朗，入行沒幾年職位一路高升，很快就成為單位裡的主力幹將。幾天前，新老闆走馬上任，把阿明叫了過去：「阿明，你有經驗，能力又強，這裡有個新專案，你就多費心盯著吧！」

受到新老闆的重用，阿明歡欣鼓舞。恰好這天要去某周邊城市談判，阿明一合計，一行好幾個人，坐公車不方便，人也受累，會影響談判效果；叫計程車吧，一輛坐不下，兩輛費用又太高，還是包一輛小巴士好，經濟又實惠。

主意定了，阿明卻沒有直接去辦理。幾年的職場生涯讓他懂得，遇事向老闆彙報一聲是絕對必要的。於是，阿明來到老闆跟前。「老闆，您看，我們今天要出去，」阿明把幾種方案的利弊分析了一番，接著說：「所以呢，我決定包一輛小巴士去！」彙報完畢，阿明發現老闆的臉不知道什麼時候黑了下來。他生硬地說：「是嗎？可是我認為這個方案不太好，你們還是買票坐公車去吧！」阿明愣住了，他萬萬沒想到，一個如此合情合理的建議竟然被打了「回票」。

「沒道理呀！傻瓜都能看出來我的方案是最佳的。」阿明對此大惑不解。

專家提示：阿明凡事多向老闆彙報的意識是很可貴的，錯就錯在措辭不當。注意，阿明說的是：「我決定包一輛小巴士去！」在老闆面前，說「我決定如何如何」是最犯忌諱的。尊卑有序是一種紀律的象徵，維護上司權威形象是屬下分內的事。

話術點睛

瞭解了上司的性格、工作方法和思維方式，不僅可以在實際工作中表示對他的擁護，還可以透過各種途徑，如單位聚會、與上司一起出差等機會向其表示忠心。

04 向上司示好，最好表現忠心

行為才是忠心的最好說明。

——莎士比亞【英國】

在上司面前，有能力的下屬沒有聽話的下屬「受寵」，因此在向上司示好的時候，與其展現自己的能力，不如表現自己的忠心。

劉備臨終前為了測試諸葛亮的忠心，故意對諸葛孔明說，阿斗為人非常懦弱，丞相是人間聖賢，如果可以輔佐就輔佐，不行的話你自己當皇帝算了。孔明心裡明白，但還是大吃一驚，於是不假思索翻身跪倒，涕淚交加，指天發誓永遠忠於劉氏天下，不惜肝腦塗地。

「臣安敢不竭股肱之力，盡忠貞之節，繼之以死乎！」說完叩頭流血。讓劉備死前的心稍微安了一些，讓諸葛亮繼續執掌大權，得以七擒孟獲、六伐中原，一展自己的抱負。

可見，適時地表達出忠心之意是多麼重要。

宋太宗年間，曹翰因罪被罰到汝州。曹翰苦思返京之策。一天，宮裡派了個使者到汝州辦事，曹翰哪裡肯放過這個機會。他想辦法見到了使者，流著淚對他說：「我的罪孽深重，就是死也贖不清，真不知怎樣才能報答皇上的不殺之恩，現在只有在這裡認真悔過，來日有機會一定誓死報效朝廷。只是我在這裡服罪，家裡人口太多，缺少食物活不下去了，我這裡有幾件衣服，請你幫我抵押一萬文錢，交給我家裡換點糧食，好讓家裡大小暫且糊口。」

使者回到宮中如實向宋太宗做了彙報。太宗拿過包袱打開一看，裡面原來是一幅畫，畫題為《下江南圖》，畫的是當年曹翰奉宋太祖旨意，任先鋒攻打南唐的情景。太宗看到此圖想起曹翰當年的功勳，心裡很難過，憐憫之情油然而生，決定把曹翰召回京城。

同樣，宋仁宗時，丁謂被貶官到崖州，他雖然十分不滿，表面上卻假裝潛心思過。那時他本人貶到崖州，而家屬還留在洛陽。有一次他寫了一封信派人送往洛陽，交給洛陽太守劉燁，請求劉燁轉交給自己家裡的人。丁謂告訴送信的人，務必等到劉燁會見下屬的時候再把信交給他。送信人依計而行。劉燁在公眾場合接到丁謂的信，不敢隱瞞，馬上派人把丁謂的信呈送給皇上。

皇上收到信拆開一看，裡面全是悔過的話，措辭十分尖銳。信中還對家裡人說：「朝廷對我們恩澤深厚，我們全家就是肝腦塗地也報不盡浩蕩的皇恩，不要因為朝廷對我的貶謫而產生怨恨之心。」仁宗被深深打動了，於是便下詔把丁謂調到了雷州。

與上司之間因為種種原因被壓制，這是常見的現象。這時如果能像曹翰、丁謂一樣，依舊向上司表示忠心，告訴你是他的「自己人」，他多半會心情大悅而放你一馬。

表示忠心的方式很多，比如先抑後揚就是一種好方法。

南朝有個人臣叫蕭琛，能言善辯。在蕭衍還沒有稱帝時，他就與之交好。後來蕭衍當了皇帝，兩個人之間的關係還是很親密。

有一次，武帝蕭衍舉行大型宴會，蕭琛也參加了。酒過幾杯後，蕭琛有些醉意，就趴在桌子上。武帝見了，就用棗子丟他，正好打中蕭琛的頭。蕭琛抬起頭，竟然不假思索地拿起食品盒裡的栗子向武帝投去，正好打中武帝的臉。

這時，旁邊的官員都看到了，嚇得大氣都不敢出。武帝的臉也一下子沉了下來，剛要動氣，這時只見蕭琛說道：「陛下把赤心投給臣，臣怎敢不用顫慄來回報呢？」武帝一聽，轉怒為笑。

話術點睛

這裡，「赤心」是借用棗的形態作比喻的，「顫慄」則是借用了「栗」的諧音。可以想像，這個忠心表得既大膽又巧妙，讓皇帝由怒到喜，這「喜」就更深了。

古語說：「一朝天子一朝臣」，一當上了天子總會在主要的輔助崗位上安插「自己人」。是「老臣」們能力低、水準差嗎？不是，是因為懷疑他們是否對自己服氣，是否忠心。所以要想成為「天子」的「朝臣」，就一定要向他表示自己的忠心。

05 巧拍馬屁讓老闆轉怒為喜

職員能否得到提升，很大程度不在於是否努力，而在於上司對你的賞識程度。

——科爾曼【美國】

老闆都愛聽好話，一旦不小心得罪了老闆，惹他生了氣，後果可能不堪設想，伴君如伴虎，如果能在惹他生氣後及時巧妙地給他拍個馬屁，使他轉怒為喜，自己也自然轉危為安。

紀昀是乾隆時期的大學士，博學多才、能言善辯，他多次憑借自己的機敏和善辯，化險為夷。他的故事被人們津津樂道。

有一次，紀昀在皇宮的翰林院率眾編著《四庫全書》。當時，正值盛夏，體胖的紀昀難忍酷熱，便脫衣光背，把辮子盤在頭頂伏案閱稿。這時正巧乾隆皇帝從外面走了進來，等到紀昀發現時，穿衣服已經來不及了，怎麼辦？有了，他一彎腰，鑽入案下，並將桌布拉好，準備等皇帝走，再出來繼續工作。誰知，這一切都被乾隆看到了。他不動聲色地來到紀昀案旁坐了下來，並示意四周驚惶失措的眾人安靜。

肥胖的紀昀此時在通風不良的案下熱得實在受不了，又聽屋內確無異常動靜，以為乾隆皇帝走了，便撩起桌布露出腦袋問：「老頭子走了嗎？」別的不說，單是「老頭子」這三個字就把乾隆皇帝惹惱了：「紀昀，不得無禮，什麼老頭子，別的罪可恕，你憑什麼叫我老頭子？如果講不出道理來，立即賜死！」

誰知，此時紀昀卻不慌不忙，從容答道：「『老頭子』這三個字是大家公認的，非臣臆造。容臣詳說：皇帝稱萬歲，豈不為『老』？皇帝乃國家領首，豈不為『頭』？皇帝乃真龍天子，豈不為『子』？『老頭子』三字乃簡稱也。」

乾隆聽了，不禁大笑，說道：「好個能言善辯的紀昀，雖蘇秦、張儀再生所不及了！朕赦你，起來吧。」能言善辯的紀昀憑如簧之舌救了自己的一條性命。

紀昀的確是一位極聰明的人，把「老頭子」三字拆開分析，並分析得頭頭是道，皇上明明知道他是在狡辯，也不得不佩服他的能言善辯，因此赦免了他。

以上這個故事告訴我們，能言善辯、會說話，可以使我們擺脫險惡的處境，變不利為有利。

話術點睛

在人的習慣思維裡恭維就是吹牛拍馬，是君子所不齒的。但其實，恭維並不等於「吹牛皮」、「拍馬屁」。它是一門微妙的藝術，也是下屬獲得上司信任的主要方法之一。

06 上司面前千萬不要抱怨

如果你陷入困境，不要尖聲抱怨錯誤，要從中吸取教訓。

——比爾·蓋茲【美國】

在工作中，你總是非常出色地完成了工作，總是讚歎自己如同諸葛孔明般聰明，總是譏笑那些「榆木腦袋」似的同事……於是，你看什麼都不順眼，總是覺得自己出類拔萃，總是滿懷欣喜地盼望著評優、加薪、升遷，但好事偏偏離你那麼遙遠。

回頭好好想一想，自己平時是怎麼和上司說話的？是不是經常口無遮攔地訴說自己的成功，貶低同事呢？是不是信口開河、滔滔不絕地對周圍的人抱怨呢？

其實，這些偏激的語言都逃不開上司的眼睛！他們嘴上雖然不說，心裡其實已經在開始為你打分數了，為了前途，你還是改變一下自己的說話風格，把抱怨收起來吧！

有一位在網路公司做美編的年輕人這樣講述自己的一段親身經歷：

「半年過去了，我的薪水依然沒有提高。於是，我開始在上司面前隱約地提到這個問題，上司一直裝傻。我有點急了，那天辦公室就我和上司兩個人，我故意提到，這個月的房租又要漲了，連菜價也漲了……言外之意是，我的薪資什麼時候調呀？」

上司笑著說：「別抱怨了，好好工作吧！大家的薪資都是一樣的！」

「是嗎？真的一樣嗎？」其實我早就生氣了，但是一直忍著。上司說出大家的薪資都是一樣的，我就不服氣！怎麼會是一樣呢？我好像比同事少了好幾百塊呢！

關於上司的薪資，我不知道是多少，但是我知道，他的薪資不知道比我多了多少倍呢！所以那句「真的一樣嗎」的話就這麼脫口而出了。出口之後，我長久以來的怨氣都宣洩出來了：「不要以為別人不知道，大家做的工作都是一樣的，憑什麼拿的薪資不一樣呢？要說工作經驗，我也已經在這裡半年了，什麼經驗沒有呀？」

上司看了我半天，就像在看一隻怪物。我覺得自己理由充分，所以一點也不心虛。

但是我錯了！

第二天，辦公室裡的同事相繼對我說：「我們剛來的時候比你的薪資還少呢，到現在才一點一點的提升上去。」我心裡一驚，肯定是上司找我的同事談話了！

我跑進上司的辦公室，直接問上司：「我想知道這裡的每個員工都是做了多長的時間開始加薪的。」上司不動聲色地問我：「你有什麼權利知道？」我說：「因為我想知道自己什麼時候可以加薪！還有，你對我有什麼意見可以直接問我，不要讓同事來告訴我，我覺得這樣的做法未免有點太卑鄙了！」

上司瞪了我一眼，說：「如果你來上班就是為了將來拿高薪資，那麼我可以告訴你，我這裡沒有高薪資，只要你的業績做到了一定程度，你的價值值得我給你開那麼多薪資，我就會開給你。但是目前，你還沒有做到。我說過，薪資每個人都是一樣的，並不是說你們的數量是一樣的，而是說標準是一樣的。在這裡，都是為工作而來的，沒有工作能力一味談高薪資，我想每個老闆都不歡迎。」

我無話可說了，雖然我很生氣，但是卻再也說不出來什麼了。我知道自己錯了，和上司發生爭執是我不應該做的，而和上司說這些偏激的話，更是不該做的！

工作中和上司說偏激的話，是最愚蠢的做法。即使你真的發現了上司對每個職員的待遇不同，也不能用偏激的語言說出來！畢竟對方是你的上司。你可以用別人的待遇為參考，但絕不能以抱怨的方式向上司提出要求。

話術點睛

上司永遠都是上司，不是你的朋友，不要在背後議論他的是非，因為世界上沒有不透風的牆；不要在上司面前說三道四，詆毀別人，這樣最終詆毀的是你自己；注意你和上司之間的距離，你們的關係並沒有你想像中的那麼好。

07 提建議時，別否定上司的想法

真正的成功者，不在於你成就的大小，而在於你是否努力地去實現自我。

——佚名

給上司提建議時，提建議者總會有一定的心理壓力，害怕好心提建議反而把與上司的關係弄僵了。究竟如何說話，才能既讓上司接受你的建議，又讓他覺得你不是在故意與他為難或者不給他面子，這確實是件難辦的事。因此，給上司提建議要學習一些實用的技巧，要注意以下策略：

第一，讓他在自然狀況下認識你的能力、你的價值。首先要尋找共同感興趣的話題，然後認真聽取他的意見。在恰當的時候，對他的觀點做些補充，提出新的問題。這樣，可以讓他認識到你是有知識、有自己見解的。

第二，交談的話題要是上司熟悉的。如果用他根本不懂的或專業性過強的術語，會使他覺得你在難為他，或使他認為你的才識對他的職位構成威脅而產生戒備心理，進而在行動上遠離你、壓制你。

第三，向上司提建議時，要有理有據地陳述你的觀點，以謙虛的語氣，徵求他的意見。這裡，要注意的是，向上司提建議，要根據上司的性格和行為特點採用他樂於接受的方式，例如，上司隨和，採用口頭建議；上司嚴肅，採用書面建議；上司自尊心強，可用私下交談，等等。

第四，體察領會上司的心態。學會關心上司，在他一籌莫展時，主動為他出謀劃策，並盡自己的力量幫助他。

下面具體談談向上司提意見的方法、技巧。

一、多「引水」，少「開渠」

多「引水」，少「開渠」的意思是說，向上司「進諫」時不要直接點破上司的錯誤所在，或越組代庖地替上司做出所謂的正確決策，而是要用引導、試探、徵詢意見的方式，向上司講明其決策、意見本身與實際情況不相符合，使上司在參考你所提出的建議後，水到渠成地做出你想要的正確決策。

二、多獻「可」，少加「否」

多獻「可」，少加「否」的意思是說，在下屬向上司「進諫」時多獻可行的，少說不該做的。它包括兩層含義：一是要多從正面去闡明自己的觀點；二是要少從反面去否定和批駁上司的意見，避免與上司發生正面衝突。

三、兼併上司的立場

人無完人，金無足赤。上司在某些方面有缺陷是很自然的，關鍵是作為下屬要有一個正確的心態，認識到上司也是人，不是神。立場站對後，處理跟上司的關係就會順利得多。

兼併上司的立場，的確不失為向上司提意見的上策。首先，它沒有排斥上司的觀點，它是站在上司的立場，最終是為了維護上司的權威，出發點是善意的；其次，這種策略是一種溫和的方式，能夠充分照顧上司的自尊，易於被上司接受，效率較高；最後，它需要很強的綜合能力，需要很高的社會修養，並能夠針對不同情況，不斷提出有效率兼併上司立場的意見，久而久之，自己的領導能力亦會迎風而上，飛速提升。

四、以此說彼

以此說彼就是以別人成功的例子論證自己建議的可行性，無形中為自己營造一些氣勢。給上司提建議，最好自己對該建議能有百分之百的把握，如果能引經據典地以真實存在過的例子為證，無疑會加強自己建議的說服力。上司若切實從內心認可了這個建議，看到建議將會帶來的利益，就必然會樂意接受。

話術點睛

一般上司都不希望下屬在自己面前過分表現。如果不明白這一點，為了讓上司賞識，便在他面前表露自己的聰明，上司必定會認為你狂妄自大、恃才傲物，進而在心理上對你產生排斥感。因此，在上司面前提建議時，千萬不能輕易否定上司原來的想法，讓他認為你是在賣弄自己，而要磨掉你身上的稜稜角角，讓他從心裡接受你。

08 學會彙報工作，提升能力形象

美必須乾乾淨淨，清清白白，在形象上如此，在內心中更是如此。

——孟德斯鳩【法國】

在現代企業管理中，下級向上級彙報工作是再常見不過的了，特別是對那些經常要與上司打交道的員工或下屬來說，在每一項上司所交辦的工作完成之後，向上司進行必要的工作彙報，更是必不可少的業務程式。

原則上說，只要是上司直接交辦或委託他人交辦的工作，無論大事小事，無論工作的結果是否圓滿，均應向他如實彙報。

從管理的角度看，上司準確地掌握下屬總結的工作資料，有利於及時掌握工作進度及管理運行狀況。對於員工和下屬而言，如能掌握相應的彙報工作技巧，不僅有利於其自身素質的提高，而且會進一步改善其在上司心目中的能力形象。

彙報工作，不能太簡單，也不能太囉唆，關鍵是要說到重點上，沒有哪一個上司會喜歡囉囉唆唆而又政績平平的彙報者。彙報工作有時採取書面彙報，有時採取口頭彙報，但不管是採取書面的形式，還是當面口頭彙報的形式，需要掌握的具有共性的技巧有四個方面：

一、怎樣理清思路

你在向上司彙報工作之前，應冷靜地對工作過程進行反思。至於先說什麼、後說什麼，哪些問題簡略地敘述、哪些問題詳細地說明，都必須理出一個比較清晰的思路來。如果，對待一個問題你自己都沒有完整、清晰的思路，那麼你是無法或難以說服別人。彙報工作也是這樣，如果不事先理清自己的思路，你是難以有條理地、層次分明地、有說服力地把自己做過的工作向上司彙報清楚的。

在向上司彙報工作之前，特別是在向他彙報那些重大問題之前，必須先打草稿，即先在腦海中把要彙報的問題以提綱的形式列出一個分條目的小標題，記在心中，在彙報時逐條道來。當然，你也可以把這些提綱寫在小本子上，作為向上司彙報工作時的備忘錄。

二、如何突出重點

任何一項工作都有重點，即在任何工作程式中各個環節的輕重緩急都是不同的。把握重點，常常意味著抓住了工作的要害，而這些要害問題又往往關係著企業和上司事業的大局或重大利益。所以，上司聽你的彙報，或看你的彙報資料，他關心的根本問題，就是你對工作中的重點問題的處理結果如何。在具體操作時，你應掌握俗語所講的「事不過三」的原則，即在一般情況下員工或下屬向上司或領導彙報工作時，每次交談的重點事項、關鍵問題，只談一個或一件，最多不要超過三個或三件。

也許我們身邊有很多這樣的上級，他們在總結工作或提出指示時，一般情況下總是「講三條內容」或提「三點建議」，「希望大家從三方面去做好工作」。事實說明，那些往往把問題或意見或指示歸納為三個數，而加以羅列的領導人，大多都比較幹練，且辦事效率相當高。儘管這不是絕對，卻是一個有趣的現象。

因此，員工或下屬在向上司彙報工作或交談問題時，注意每次只強調一個問題，只突出一個重點，最多不超過三個問題或三件事情，不僅有利於領導人或上司理清思路，迅速決斷，同時還會使領導人或上司對你的能力和效率表示好感。

所以，從一定意義上來說，善於掌握重點，突出重點，並把重點問題向上司描述清楚，不僅是一個方法和技巧問題，更是一個素養和能力問題。

三、怎樣刪繁就簡

無論是作口頭彙報，還是作書面彙報，你都必須注意刪繁就簡的問題，因為它不僅是技巧，而且是原則。

所謂刪繁就簡，就是要把一切不必要的話語從彙報中予以刪除，否則就會出現兩種不利的影響，一是讓人感到你思維混亂，思路不清，不知所云；二是讓人感到你文風不正，似有嘩眾取寵之嫌。更何況還有「話多有失」的時候。刪繁就簡，與其說是一種技巧，不如說是一種原則。

四、請上司指點

當你向上司彙報完工作之後，不可以馬上一走了事。聰明人的做法是：主動請上司對自己的工作彙報予以指點。

通常而論，上司對於下屬的工作總結大多都會有一個評斷，不同的是，有一些評斷他可能公開講出來，而另一些評斷他則可能保留在心裡。事實上，那些保留在心裡的評斷，有時才是最重要的評斷，對此你絕不能大意。反之，你應該以真誠的態度去徵求上司的意見，讓他把心裡話講出來。

對於上司誠懇的指點，即便是逆耳之言，你也應以認真的精神、負責的態度去細心反思。因為，他之所以能夠站在上司的位置上，肯定在很多方面或某些方面有著強於你的優點。

上司對你進行誠懇的指點，無疑是把自己的聰明智慧無償地奉獻給你，你何不樂而接受呢？同時，也只有那些能夠虛心接受上司指點的員工和下屬，才能夠再一次被上司委以重任。那些經常與上司打交道的員工和下屬，如能掌握上述彙報工作的技巧，必定能不斷提高工作能力和文化品味，同時也會受到上司的信任與賞識，如此一來，升職加薪自然是少不了的。

話術點睛

不管情商是高還是低，老闆總是希望什麼事情都由自己決定。作為下屬，向老闆提要求的時候，就應該用商量的口氣，而不是替他拿主意。「先斬後奏」的人是不被喜歡的。

09 坦誠相告，贏得上司的肯定

上交不諂，下交不驕。

——揚雄【西漢】

人們在逐漸成長的過程中學會了很多事情，這些事情有助於我們生活和工作，但是我們所學習到的不全是好的事情，其中也包括一些惡習，說謊就是其中的一項。

很多人覺得在工作中戴上虛偽的面具，才能實現人和人之間的溝通交流，因為他們覺得這是自我保護的方式。但實際上，大部分上司都是欣賞和喜歡坦誠的人，坦誠有信用的人能夠給人留下真實、誠懇的印象，這樣的人才會讓他覺得是值得信賴的。

成人教育之父卡內基，他是著名的企業家、教育家和演講口才藝術家，在他年輕的時候曾經應聘國際函授學校丹佛分校的銷售員，當他的考官丹佛分校的經理約翰·艾蘭奇第一眼看到卡內基時，他感到十分失望，因為卡內基是一個臉色蒼白，身材瘦弱的人，他不覺得卡內基能夠成為一名成功的銷售員。經過交談，他發現卡內基甚至沒有銷售經驗，這讓他對卡內基更加沒有信心了。對於約翰·艾蘭奇的態度卡內基十分清楚，但是他覺得只要自己態度真誠，即使自己沒有銷售經驗也一定能做好工作。

約翰·艾蘭奇說：「你能告訴我，你認為推銷員推銷的目的是什麼嗎？」

卡內基答道：「想顧客所想，站在顧客的立場上想想他們需要什麼，讓他們瞭解商品，然後購買商品。」

約翰·艾蘭奇又問：「那麼你想要怎樣向消費者推銷？」

卡內基說：「首先我想和他們愉快的交談，瞭解他們需要什麼，而不是告訴他們我想要賣給他們什麼。」

約翰·艾蘭奇詢問了卡內基最後一個問題：「如果是你，你能夠想辦法把一台打字機賣給一名農場主嗎？」

卡內基說：「我無法保證，因為一名農場主也許並不需要打字機，如果是這樣的話，我無法推銷。」

卡內基的回答讓約翰·艾蘭奇非常高興，也許一個有技巧的推銷員很容易找到，但是一個真誠可靠的人就很難得了。他當下就錄取了卡內基。

很多銷售員都有自己的行銷方法，他們確信自己能夠將一台打字機賣給一位農場主，但是這僅僅是表現了他們的銷售技巧，而不是他們坦誠和為人著想的態度。但卡內基做到了，也因此獲得了約翰·艾蘭奇的賞識。

坦誠相告，不僅可以運用在和上司的日常交流中，還可以用在化解和上司的矛盾上。

宇斌在一家機械設備公司做銷售人員，他工作踏實肯做，但不知道為什麼他的上司總是不看重他，不是不將重要的工作交給他，就是對他的工作指手畫腳。

一次，宇斌一大早去和客戶談判忘了告訴上司，等他到公司之後上司指責他工作態度不佳，他一時生氣和對方吵了起來。於是宇斌興起了辭職的念頭。

第二天下午，宇斌敲了經理的門，打算告訴經理自己要辭職了。

因為沒有了平時的壓力和顧慮，宇斌反而可以和經理實話實說了。他說：「經理，我工作時間不長，有很多缺點，可能我平時比較散漫吧，我總覺得經理你不太喜歡我，但是我對於經理平時工作中嚴謹的態度是一直非常欣賞的。」

經理沒有想到宇斌會和自己說這些，他說：「宇斌，既然你坦誠的跟我說了，我也就直說了，我對你沒有什麼不滿，你是一個工作能力很強的人，就是有時太不拘小節了，就像上次開會時你和大家隨意開玩笑，這樣的工作態度是不行的。我平時會說你，是希望你能全心地投入到工作中。」

聽了經理的話宇斌反省了自己，他明白經理是一個嚴肅謹慎的人，他希望員工用同樣的態度面對工作，於是宇斌打消了辭職的念頭，在以後的工作中用經理希望的態度努力工作，年底被評為了公司的優良工作人員了。

坦誠地和上司交流，在工作中是十分必要的，用自己的真誠打動上司，讓上司能夠對我們敞開心扉。為了實現這樣的目標，我們需要做到嚴格自律，平時在工作生活中就以成為一名坦誠的人為目標，不說虛假不實的話。

同時要瞭解上司，明白他的喜好，以及和上司交流的方式，掌握說話的方式。傾聽上司的語言，明白他的需求，觀察他的神態、動作，一旦發現他對你的話有所牴觸時，不要嘗試說服他，先聽聽他想要說些什麼。

總之，在和上司溝通交流時，做到開誠布公，坦誠，讓他明白你既尊重他又在乎他，這樣不但能讓交流能夠順暢，同時對於我們自身的發展也有很大的益處。

話術點睛

在工作中誤會總是難免的，遇到這種情況，一味地迎合上司，壓抑自己的本意，這樣不但無法和對方取得共識，有時還會擴大矛盾，使雙方的關係降到冰點。所以作為下屬，積極主動將自己的真實想法告訴上司，能為自己贏來更多的信任和支持，這也是保證工作及時準確完成的前提。

10 適時表達忠誠，讓上司欣賞你

雖無彪炳英雄業，卻有忠誠赤子心。

——黃藥眠

人在職場，要想獲得上司的信任，離不開言語間你表達的忠誠度。沒有一個上司喜歡與心存二心的人在一起工作，更別說是重用他了。所以，下屬在與上司說話的時候，一定要讓他覺得你值得信任，這樣他才會看好你，欣賞你，繼而重用你。

也許你會認為，只要你心裡是忠誠的，沒有必要說出來。這個想法是不對的。要知道，你的上司時刻在觀察你，一旦你有不忠誠的行為，他對你的好感將會大打折扣。所以，你需要做的，就是在說話的時候，向他表明你的忠誠。

德偉是一家軟體公司的設計師。在公司待了三年，卻一直沒有晉升的機會。懊惱之餘，他找到了一個和自己關係比較好的主管。

主管誠懇地對他說：「德偉，你這個人優點是很多的，為人和善，工作能力強。勤勞，也為公司做了不少有價值的產品。但是，你也有一定的缺點。就是平時嘻嘻哈哈的，滿是不在乎的樣子，好像升職對你來說不算什麼。」

德偉聽了，吃驚地說道：「您真的是這樣想的嗎？」

主管笑著跟他說：「你還記得上次公司例會嗎？當說到升職的事情時，你說了一句『沒差啦』當時大老闆的臉就鐵青了。」

德偉回頭想想，確實有這樣的事情。但是，自己當時是用開玩笑的口氣說的。

主管語重心長地說：「一個人只有安心工作，並且忠誠於自己的工作，才能獲得上司和公司的信任和賞識。一個把工作看成是沒什麼的人，是不可能長期為公司服務的，更別談持之以恆地為公司作貢獻了。」

這時候的德偉總算明白了自己遲遲得不到重用的原因了。雖然自己工作成績一直很突出，但卻是自己的說話方式害了自己。

作為公司的員工，首先應該具備的素質就是對公司忠誠。也就是盡心竭力地為公司創造業績，與公司同進退。同樣，作為公司的領導人，當然希望自己的下屬對自己忠誠，要知道，誰都不願意自己的下屬有別的心思。而且，越是有能力的下屬，如果有二心，危害將會更大。

所以，作為下屬，你只有表現出對公司忠心，才會受到重用。上例中的德偉並不是不忠誠於自己的工作和公司，只是不會表達，給上司透露了錯誤的資訊，以致失去升遷的機會。那麼下屬應該怎麼向上司表達忠誠呢？

首先，要從上司的角度考慮問題。

上司日理萬機，並不會時刻注意你的言行，但是如果你在與他說話時，言語中處處都透露著為他考慮的意思，相信總有一天他會看到你的真心和忠誠的。如果你連上司的命令都不服從，相信如果你是主管，你也不會重用這樣的下屬的。

其次，與公司共同進退。

俗話說，危難之時見真情。當公司遇到困難時，真正留在領導人身邊的，才是最忠誠的下屬。所以，要懂得利用時機，在公司遇到逆境的時候，與公司共同承擔風險。相信在經歷過大風大浪之後，得到升遷的，一定的那些對公司不離不棄的員工。

話術點睛

人在職場，與上司說話要處處注意。作為一名下屬，你的忠誠度決定了你的業績，決定了你職場生涯的穩定。

一個對公司不忠誠的人，無異於一顆定時炸彈。成績越好，對公司的危害就越大。所以，公司的「叛徒」是不會受到重用的。要想獲得欣賞，在與上司說話時就必須要懂得表達忠誠，讓他從你的話語中聽出你是一個值得重用的人。

11 話中帶著自信，讓上司看到你的能力

帶著自信朝著你的夢想前進！

——亨利・大衛・梭羅【美國】

在這個生活節奏越來越快、資訊越來越多的時代，機會是稍縱即逝的，想要成就一番事業只是悶頭工作是不夠的。我們經常會看到一些木訥不善言談的人，他們雖然有良好的技術和能力，但是總是無法升職加薪，有時領導人甚至連他們的名字都記不住，這些缺乏自信不善言談的人也往往容易被上司遺忘。

職場依靠人與人之間的際交往和互動來實現運轉，所以想要上司理解你、欣賞你，

想要脫穎爭取到工作，表現自己，就要大聲自信地說出自己的想法和主張，用自己的語言去打動你的上司，讓他認同與信任你。

秀敏在一家軟體公司工作，這天她所在的公司接到了一個重大的工作，政府一個部門由於工作需要安裝一套辦公軟體，因為這是一個剛上市不久的軟體，所以很多人都不太會使用，公司為了做好這項業務，決定派一個人駐紮在客戶那裡全權負責這項工作。

這是一個很好展示自己的機會，而且做得好的話既能增加人脈，又能得到上司的好評。秀敏知道這樣的機會是輪不到自己的，但是她有信心自己可以做得比其他人更好。於是當天下午秀敏敲了敲總經理辦公室的門。

「總經理，我想請您批准一件事。」秀敏對總經理說：「這次為政府部門安裝軟體的工作請您交給我吧。」

聽到秀敏的話，總經理感到十分詫異，原本他想將這個工作交給工作經驗更多的雲清，但是雲清推辭說王燁更為合適，他正為這件事頭痛，工作經驗不是很多的秀敏就來自薦了。

總經理想了想說：「這個工作雖然看起來很簡單，但是其實是非常困難的，妳確定能徹底解決所有問題嗎？」

秀敏笑著答道：「總經理請放心，我不但能教會所有人熟練這款軟體，還能做好所有突發問題的應對，保證讓客戶滿意。」

總經理還是有點懷疑，他問：「妳可要好好想想，千萬別是三分鐘熱情。」

「您放心吧！」秀敏自信地抬著頭說，「我已經做好了一份計劃，也把所有需要考慮的問題都寫了進去，我一定能圓滿地完成工作。」

總經理看著桌上的計劃書，笑著答應把這份工作交給了秀敏。一個月之後，秀敏完成了工作，之後公司接到政府部門的感謝電話，稱讚秀敏是一個認真負責好員工，她認真的教會了每一個人使用這款軟體。

從這件事以後，秀敏就成了公司裡最受上司倚重的人之一，不久之後她就被提升為公司的業務主管。

自信的語言能夠說明我們消除溝通中的障礙，提高自己工作效率，讓自己變得易於被人接受和理解，這也是每個人都要具備一種素質。我們要相信自己有能力做好這份工作，並適時地把這種自信說出來。

自信首先要從我們的形態上表現出來，在和上司溝通時，我們要抬頭挺胸，衣著得體、生機勃勃，這樣的姿態在讓上司看著賞心悅目的同時，也能讓他覺得我們值得信賴。同時這樣的姿態能夠讓我們自我暗示，幫助自己建立良好的自我感覺，加強自己的自信心，在這樣的問情況下開口說話，語言中必然充滿的自信。同時，說話時要保證自己邏輯清楚，語言生動、準確、流暢，讓上司聽到你的想法或意見之後，不自覺地對你產生信任感。

要時刻謹記，自信的語言能夠良好表達自己的意願，抓著機會的尾巴，得到上司的讚譽，它是打開成功大門的鑰匙。

話術點睛

其實，很多人並不是不善言談，他們只是不敢在上司面前侃侃而談，因為上司是決策者，一個說不好就有可能會斷送我們的前程，這就要求我們要瞭解上司的脾氣秉性，而且我們要相信自己，學會在上司面前自信地開口說話。

12 說話把握七項原則，才能拉近與上司的關係

真正的領導者不是要事必躬親，而在於他要指出路來。

——米勒【美國】

能否與上司和睦相處，直接關係到你的前途。在與上司相處時，牢記以下七項原則會讓你受益匪淺，進而成功與上司拉近關係。

一、準確把握上司說話的要點

下屬要想贏得上司的信任，認真傾聽他的講話，準確掌握他話中的重點很重要，這會讓上司覺得他的尊嚴和權威得以實現。

二、說話簡潔

說話簡潔俐落，是一個合格下屬的基本素質。說話簡潔，就是有所選擇、直截了當，十分清晰地向上司報告事情的進展和你的工作近況。

在彙報時，記備忘錄是個好辦法，可以使上司在較短的時間內，明白你報告的全部內容。如果必須提交一份詳細報告，那最好就在文章前面寫一個內容提要。同時，在彙報工作時，應注意掌握好時間，以簡潔有力的語言向上司說明你的工作進度和已取得的成績。在彙報時切忌囉唆、把握不住重點。

三、提方案時講點戰術

如果你要提出一個方案，就要認真地整理你的論據和理由，盡可能拿出它的優勢，使上司容易接受。如果能提出多種方案供他選擇，更是一個好辦法。你可以舉出各種方案的利弊，供他權衡。

不要直接否定上司提出的建議。如果你認為不合適，最好用提問的方式，表示你的異議。同時，別怕向對方提供壞消息，當然要注意時間、地點、場合、方法，讓他更容易接受。

四、在談話中不過多提及自己面臨的困難

下屬如果過多談論自己面臨的困難，容易給上司留下一個辦事不利的不良印象。因此，在談話中應注重談論自己對目前困難的解決方案，將你的能力展現出來。同時，一定要解決好自己面臨的困難，這不僅有助於提高你的工作技能、打開工作的局面，同時也會提高你在上司心目中的地位。

五、維護上司的形象

經常向上司介紹新資訊，使他掌握自己工作領域的動態和現狀。而不是在上司發表談話時，當眾指出他的失誤，他的面子容不得你在眾人面前毀壞。

六、讓上司聽出你對工作的積極

在與上司談論工作時，有經驗的下屬很少使用困難、危機、挫折等術語，他把困難的境況稱為挑戰，並制定計劃以切實的行動迎接挑戰。面對上司的詢問時，有經驗的下屬會以積極樂觀的話語來回答，讓他聽出你對這份工作的熱情和認真，進而覺得你是一個可信賴的好下屬。

七、信守諾言

信守諾言是做人最基本的原則，想要贏得上司的信任，這一點必可不少。只要你的優點超過缺點，上司是會容忍你的。他最討厭的是一個人不可靠，沒有信譽。如果你承諾的工作沒兌現，他就會懷疑你是否守信用。如果工作中你確實難以勝任時，要儘快向上司說明。雖然他會暫時產生不快，但是要比到最後失望時產生的不滿要少得多。

與上司處好關係，獲得他的信任和賞識，是每個下屬想要獲得升職加薪必須要做的事情。準確把握以上七條原則，能讓你有效贏得上司的信任，進而獲得平步青雲的機會。

話術點睛

有時候，做錯了事責任不會在下級，大部分卻是由於上級的緣故，這時應大膽辯解。不辯解，會讓上級對你的印象更加惡化，而絲毫不會考慮到也有自己的責任。

13 陳述加薪或升職的理由要充分

把金錢奉為神明，它就會像魔鬼一樣降禍於你。

——菲爾丁【英國】

對大多數職場人來說，獲得升職加薪縱然不是唯一目的，但也是至關重要的。關於這個問題，如果我們採取消極等待的心態，恐怕不知道要等到何年何月；但如果我們直接去找上司提出升職加薪的要求，又往往感到極度尷尬和緊張，不知如何開口，甚至還可能薪水沒有提升，卻把上司得罪了。那麼，在要求升職加薪的時候，我們陳述加薪或者升職的理由除了要充分之外，在面見上司時，你要做的準備工作還有以下幾點：

一、盡情表功

如果你的工作表現在整個單位內算得上是中等水準，此時，在上司面前亮出你的功高，運用「盡情表功法」或許最為適當。

在運用這種方法前，你應先將過去一段時期內你所做成的最有意義和最不尋常的工作成績列出一張清單，然後便可以正式去見上司，並非常誠懇地提出你的要求。和上司面談的時候，你可以按照清單的次序指出和敘述你一系列的優異工作表現，以及由此給公司帶來的巨大利益，促使他當場做出良好而有效的評價。只要他沒有消極性的評價，則你接下去所提出的升職加薪要求，便有可能獲得接納。

二、超過上司的期望

在工作中，如果你完成的每一項工作都達到了上司的要求，那麼很好，你可以稱得上是一名稱職的員工，你不會失業，或許可以得到升職加薪，但你可能無法給上司留下深刻的印象，無法成為上司的重點栽培對象，無法在公司裡達到你事業的頂點，也不會實現持續的升職加薪。只有超過上司對你的期望，你才能使他的眼睛一亮，才能讓他在遇到一些高難度工作的時候想起你，給你一個鍛鍊的機會，為你的升職加薪創造一個個寶貴的契機。

當你和一批新員工一同進入公司時，上司對每個人的期望都是一樣，這時有些人達不到上司的要求，大部分的人剛好達到上司的要求，只有極少數人能超過上司的要求。那些不能達到要求的人將很快被淘汰，大部分人將繼續自己平淡的工作。而那極少數人將會被單獨叫進上司的辦公室，上司會在正常工作之外分配給他們一些挑戰性的工作，隨著上司對他們的期望越來越高，給他們的機會會越來越多，地位也會越來越高，薪水也就會持續上漲。

話術點睛

要想升職加薪，就要學會在上司面前推銷自己。推銷自己並不是一味地在人前人後表現自己。表現，是一個人刻意地將自身的優點暴露給別人看，目的是讓別人從內心裡佩服他，所以說話、辦事常常會以一種居高臨下的姿態表達出來，在與那些不如自己的人來往時，有時會趾高氣揚、不可一世。這往往會讓人覺得這個人太高傲、看不起人。若是在上司跟前也這樣表現，就是不會把握時機，不會推銷「秀」出自己了。

14 大膽地說出「我要加薪」

勞動的回報即是生命本身。

——威廉・莫里斯【英國】

在合適的時機要大膽說出「我要加薪」，打鐵趁熱法是指在最有利於升職加薪的時機提出要求。比如：你剛剛完成了一項艱巨的任務，剛剛突破了某種推銷「瓶頸」，剛剛引進了某種足以令公司節省大量開支的生產方法或生產工序，等等，此時你就可以巧妙委婉地提醒上司關注你所取得的成績，這樣就會給他留下較深的印象。

這時你若以開玩笑的口吻、認真的態度提出升職加薪的要求時，他便很難拒絕了。

「機不可失，失不再來」，打鐵趁熱抓住機會確實是個有效的方法。

國良在工作上完全稱得上盡職盡責，他的穩重和勤奮在部門裡是有目共睹的。他會為了核對一個資料，不惜夜以繼日，將白天做的工作重新計算一遍，以確保準確無誤。然而在部門之外，部門經理以上，就沒有人知道他到底多花了多少心思，做了多少額外的工作了。

相反，跟他同一期進公司的明傑雖然在業務熟悉程度上不如國良，但工作的積極性卻很高，不僅虛心向他人請教，而且經常就工作中一些可改進的地方向上級提出合理化建議。在工作空閒階段，只要看到其他同事忙得不可開交，也會主動伸出援手；或者會主動去找上司，要求承擔額外工作。此外，他還會定期向部門經理彙報最近一段時間工作上遇到的收穫和困惑，這樣一方面有助於更好地開展工作，另一方面也能使上司瞭解他的實際工作量。

只有真正聰明的人會主動尋求良機與上司溝通。明傑雖然做的不是很多，但卻引來上司的讚賞、同事的羨慕，加薪等好事自然也尾隨而至……相信每個人都想做後者不想做前者。

明傑的絕招相信大家都想學，說話每個人都會，而這裡的學會說話是指作為下屬的你在埋頭苦幹的同時，不要做個「悶葫蘆」，因為現在這種類型的人在社會上是吃不開的。要知道，上司只能看到你在辦公室裡上班時間的工作表現，而看不到你為了更好地完成某項任務而加班工作的身影。

有些人只顧埋頭工作，完成後一交了事，與上司的交流很少，對自己為了完成這項任務加班、費勁流汗、耽誤時間等，如果你不主動向上司說明，同事一般很少在上司面前提你的情況，你所付出的精力和汗水也就白費了。所以，不但要會做，還要會說，要採取巧妙的方法讓上司感到你背後付出的努力和艱辛，也讓上司感到你的確是一個勤奮敬業的好下屬。

此外，在向上司提出升職加薪時，有些注意事項一定要避免。

一、主動提出加薪時，切忌就談薪而談薪！

二、切忌拿其他員工的薪水和能力水準跟自己作比較，以此向上司要求升職加薪。

三、切忌選擇不適宜的時間，在公司某項業務進展不好、上司正被公司的某件大事擾得心情不好的時候去談這個問題。

四、切忌在提出加薪要求前沒有做好充分準備，不先研究同行業相關職位薪酬的大致數目，再根據自己工作中的表現，評測一下上司對自己的重視程度而貿然提出不合理的要求。

話術點睛

人有百號，各有所好。對人才的需求也是這樣。假如你儘管針對上司的需要和感受提出升職加薪要求，仍說服不了對方，沒能被對方所接受，你應該重新考慮自己的選擇。但是不要因為一次失敗便失去自我表現的勇敢。應該調整的是你的期望值，而不是自我表現的態度和方法。

15 向上司邀功請賞的兩大技巧

任何人一生當中最黑暗的時刻，就是當他坐下來計劃怎樣去弄到錢，而不是賺到錢的時候。

——賀瑞斯・格里利【美國】

職場上，很多下屬努力工作後，「領賞」時卻發現「酬勞」遠不如「付出」，但礙於顏面和心理因素的影響，又不敢向上司邀功請賞。其實，大可不必如此，只要掌握了技巧即可。

湘如是一家公司的經理助理，長期以來，她一直勤懇的工作，因此得到了經理的信任和賞識。一開始，湘如還很高興，但時間一長她發現，經理只是在口頭上對她進行讚賞，卻沒什麼實質性的表現，比如加薪等。湘如認為再這樣下去，自己的工作積極性遲早會被消磨掉的。但怎樣才能向經理提出加薪的請求呢？湘如思考了一陣子，終於找到了方法。

這天，湘如所在的部門完成了一個重大的項目，其中湘如付出了很多努力。在專案的慶功宴上，湘如看到經理心情不錯，於是走過去和她閒聊到：「經理，這次的項目多虧了您的指導，才能這麼快順利完成，您真是我們的領頭羊。」

經理笑著說：「湘如，妳這回也付出不少啊。」

湘如趁機說：「是啊，這次的專案是我們公司的重點專案，為了它，我可是連著熬夜了好幾個晚上，努力總算沒有白費了。不過，很可惜，我錯過了和家人出去渡假的機會……」

經理聽了湘如的話，思考片刻後說：「湘如，現在部門工作比較繁忙，實在不能給妳提供假期，這樣吧，鑑於妳這次的重大貢獻，我會讓財務給妳調整薪水的，妳就先安心工作吧。」

聽了這句話，湘如笑著說：「謝謝經理，我會繼續努力的。」

趁著項目完成的關鍵時刻，湘如適時表達了自己的想法，最終取得了加薪的勝利。身處當今職場的人，也應該學會這招，在適當的時機跟你的上司「邀功請賞」。

當然，「邀功請賞」也要把握好分寸，不能讓自己「太吃虧了」，也不能要求太多，引起上司的反感。以下兩點可供參考：

第一，不爭小利

不要為蠅頭小利而去和上司爭辯，這只會有害無益。要在話語間顯示出你對小利的不在乎，這會讓你在上司心目中形成「甘於吃虧」、「會吃虧」的好印象，在小利上堅持以忍讓為先。

第二，誇大困難，允許上司打折扣

有時你把困難說小了，上司可能給你記功小，給你的好處也少。因此，要學會充分「發掘」困難，善於向他說出你面臨的困難，要求利益時可以放得大些，比你實際想得到的多一些，給上司留一些「餘地」。

此外，在向上司請賞過程中，一定要按「值」論價，等價交換。假如你拉到十萬元贊助費或為單位創利一百萬元，你要按事先談好的「提成」比例索取報酬，不能擴大要求，也不要讓上司削減對你的獎勵。

話術點睛

適當的時候跟上司「邀功」，可以讓他知道你的功勞和工作的態度，時間長了自然會考慮給你升職加薪的。

TALENT tOOL

大大的享受拓展視野的好選擇

大拓 Talent Tool

永續圖書線上購物網
www.foreverbooks.com.tw

謝謝您購買 說服的力量 這本書！

即日起，詳細填寫本卡各欄，對折免貼郵票寄回，我們每月將抽出一百名回函讀者寄出精美禮物，並享有生日當月購書優惠！

想知道更多更即時的消息，歡迎加入"永續圖書粉絲團"

您也可以利用以下傳真或是掃描圖檔寄回本公司信箱，謝謝。

傳真電話：（02）8647-3660　　信箱：yungjiuh@ms45.hinet.net

☺ 姓名：　□男　□女　□單身　□已婚

☺ 生日：　□非會員　□已是會員

☺ E-Mail：　電話：（　）

☺ 地址：

☺ 學歷：□高中及以下　□專科或大學　□研究所以上　□其他

☺ 職業：□學生　□資訊　□製造　□行銷　□服務　□金融

□傳播　□公教　□軍警　□自由　□家管　□其他

☺ 您購買此書的原因：□書名　□作者　□內容　□封面　□其他

☺ 您購買此書地點：　金額：

☺ 建議改進：□內容　□封面　□版面設計　□其他

您的建議：